敏感すぎて傷つきやすいあなたへ

書道家
武田双雲

PHP

まえがき

僕はよく周りから、生来《しょうらい》前向きで、小さなことにクヨクヨしない人だと言われます。たしかにそのとおりです。でも、昔からそうだったわけではありません。

子どもの頃は、いろんなことに敏感で他人の気持ちを読みすぎてしまう性格でした。特に、書道家としてテレビに出るようになってからは、世間の評判や自分の発言によって誰かを傷つけたり、嫌な思いをさせてはいないか、という不安が常にありました。

そんな「敏感すぎる自分」に疲れを感じたとき、ふと、この敏感さと上手《じょうず》に付き合うほうが幸せなんじゃないか、と思うようになったのです。

敏感な人は、他人の顔色や裏側、本音《ほんね》、悪意、ずるさなどのネガティブな部分が気になってしまい、必要以上に萎縮《いしゅく》し、遠慮し、落ち込んでしまう一面があります。

そこで僕は、ネガティブなことに敏感であるなら、反対に、ポジティブなことにも敏感に察知できるのではないかと考えました。

他人の長所、他人の悩み、日常にある小さな幸せや、普通の人が気づかない自然や芸術作品の美しさ、世の中にあるチャンスにも敏感に反応できる力を秘めている。つまり敏感というのは、本来、「ハッピー体質」「幸せ上手」なのです。

だから、普段から敏感な自分を気に病んで「落ち込んではいけない」「神経質になってはいけない」と押さえ込んでしまう人は、「敏感な気質でもいいんだ」と、今の自分を認めてあげることが大切です。

敏感は弱さや欠点ではありません。過剰に思い悩むよりも、上手に付き合うことが、これからを楽に生きる秘訣なのです。本書で紹介する僕の経験や考え方を参考にしていただき、焦《あせ》らず、無理をせず、自分に合ったやり方を試してみてください。

今の僕がそうであるように、あなたにもいつか、「敏感だったからこそ、幸せになれた」と思える日が来ることを願っています。

2016年9月吉日

武田双雲

敏感すぎて傷つきやすいあなたへ　目次

第1章 思い込みのネジをゆるめてみる

第2章 疲れない、いい人のすすめ

第3章 「心のメガネ」をかけてみる

第4章 他人の機嫌に振り回されすぎない

第5章 その場の空気と上手に付き合う

第6章 「悩ましいこと」の楽しみ方

編集協力　有限会社T・S総合企画
装丁　西垂水敦・坂川朱音(krran)
イラスト　小幡彩貴

第1章

思い込みのネジを ゆるめてみる

急がない、焦らない、競争しない

あなたは、初めて自転車の練習をしたときのことを覚えていますか？

それはおそらく6歳前後。最初は補助輪が必要で、それを外してみると、フラフラして3メートルを走るのも必死だったことでしょう。角を上手《うま》く曲がれず、上手に止まることもできず、何度も転んでしまいます。怖いし、痛いし、悔しい……。

しかし、そこで「できなくて恥ずかしい」とか「みんなのように上手に乗れるようにならないならもう練習しない」などと思ってやめてしまう人は少ないですよね。

そのときに僕たち子どもが考えていたのは、「乗れるようになりたい」「どうしたら上手く乗れるようになるだろうか？」ということだけです（もし途中でやめてしまった人がいるとしたら、それは上手にサポートしてくれる人がいなかったからでしょう）。

もっと極端な例を挙げれば、赤ちゃんが立ち上がって歩き始めるときも同じです。

赤ちゃん自身は、「〇カ月になっても歩けないのは恥ずかしい」とか、「できなかったら批判が来るかも……」なんて思いません。そんなことに思い悩むのは、世間体《せけんてい》を気にする親だけです。

人は、年齢を重ねると、さまざまな経験を積んで、新しいことに対して予測を立てるようになります。その結果、できる理由よりも、できない理由をたくさん集めてしまいます。

大人になってから初めてチャレンジするスポーツや、楽器を格好よく弾《ひ》くこと、あるいは書道で上達することは無理だと思い込んで、早々にあきらめている人も多いと思います。

能力的に不可能なチャレンジの場合は仕方ありませんが、**「上手にできるようになるとは思えない」とか「下手《へた》で恥ずかしい」というのが理由であきらめるのは、本当にもったいないことです。**ただ自分ができるようになりたいだけなのに、他人の目なんて気にする必要はないですよね？

僕は書道教室でも同じことを生徒さんに話しています。

書道は、どんな不器用な人でも、癖《くせ》の強い字を書く人でも、時間をかければ絶対に上達していきます。自分のペースで、自分が楽にできて、ワクワクするような練習を続けていけばいいのです。最初から上手くできる人は1人もいないし、上達する速度やタイミングは人それぞれです。

例えば、「1カ月で身に付けなさい」とか「1年以内にプロ並みに上達しなければいけない」と言われたら、その大変さと難しさを想像して嫌になってしまいます。

急がず、焦らず、競争せず。自分の人生なのだから、誰が何と言おうと、自分がやりたいからやる。

それでいいじゃないですか。

あなたの一番楽なやり方が〝正解〟です

以前、工藤公康《くどうきみやす》さん（現・福岡ソフトバンクホークス監督）と対談させていただいたときのことです。僕は小学校と中学校で野球をやっていたので野球談議にも花が咲いたのですが、工藤さんから聞いてショックだったことがありました。

ボールを打つときのフォームに関して、僕たちの時代は肩口から斜め下に振り下ろす「ダウンスイング」が基本だったのに、今は下から振り上げる「アッパースイング」が常識だというのです。

「ええ〜っ？」と驚いていると、工藤さんは笑いながらこんなふうに説明をしてくださいました。

「その常識、20年前です。今じゃ全然通じないですよ。なんでみんな考えないのかな？

ピッチャーが上から投げたボールは重力で下に落ちてくる。それに対してダウンスイングで上から当てにいったら、下に向かう線と線が交わる一点で打つことになるじゃない？　でも、アッパースイングだったら、下から同じ軌道で迎え打てる。線と線で打つから確率が上がるでしょう？」

たしかに、言われてみるとその通りです。そのほかにもセオリーが昔とは変わっていることがたくさんあり、自分が学生時代に努力してきたことはいったい何だったのだろうと思いました。

そう考えると、**「常識」とか「正しさ」って怖いですよね。今まで信じ込んでいたものが、時代が変わるとまったく変わってしまうことがあるわけですから。**

こういう誤解、つまり、「教えられたことが絶対に正しい」とか「正しい方法を身に付けなければいけない」という苦しい思い込みは、世の中のありとあらゆる分野でたくさんありそうです。

よく考えたら僕の書道教室でも、生徒さんに「こうしなければいけない」という固

世間の“正しさ”から
自由になる。
それがあなたにとって
一番“正しい”こと。

定観念を持たせないようにしています。

左利《き》きの人が「筆は絶対に右手で持たなければダメでしょうか……」と悩みを相談してくると、僕はこう答えています。

「筆を両方で使い分けられたら格好いいですね。別にどっちでもいいんですよ。僕も本来は左利きです。〇〇さんも、両手で書いたらさらに楽しさが増しますよね」

文字は右利きの人のためにつくられているので、右手を使った方が書きやすいですし、上達も早いかもしれません。

たしかに上達するための近道はあります。でも、それが必ずしもあなたにとって一番正しい

ということではないのです。

こう話すと、「筆には絶対に正しい持ち方があると思っていました」と驚かれますが、絶対なんてことはひとつもありません。極端な話、筆はどんなふうに持って書いてもいいのです。

そもそも中国人と日本人では全然違います。

中国では、筆を横から握るようにして持つ人が多く、一方、日本では、指でつかむようにして持つ人が多い。また、日本人の中でも指の添え方はいろいろで、真横から持っている人もいれば、極端に斜めに持って書く人もいます。

筆の持ち方はレクチャーしますが、「こうじゃなきゃいけない」とは言いません。本人にいろいろ書いてもらって、「キツいですか？」と聞いて、「キツい」と言ったら、「じゃあ楽な握り方を探しましょう」と話しています。

姿勢もそうです。「正座」して書くのが正しいというのも単なる思い込みです。

だから、うちの教室の生徒さんは、それぞれ自分が楽な座り方で書いています。膝《ひざ》が痛い人は無理に正座する必要がありません。

面白いのは、そういう教え方は、僕が習っているテニスやサーフィンのコーチも同じであることです。

「いろいろやってみてどれが楽でした？　楽と感じるやり方が武田さんにとって正しいやり方ですよ」と、僕が楽なやり方を一緒に探ってくれるのです。

世間の正しさに縛られるのは苦しい。敏感なあなたも、**正しさの呪縛《じゅばく》から自由になって、あなた自身が一番楽なやり方を探してみましょう。**

それがあなたにとって正しいやり方です。

自信がないからこそ生まれる長所

「自分に自信が持てない」とか「今の仕事は向いていないんじゃないだろうか……」と不安になったら、試していただきたいことがあります。それは、**自信がないからこそできることを探すことです。**

そういう僕自身も「できないこと」「自信のないこと」だらけでしたし、今もそうです。

実は、書道教室を開いたときも自信がなかったのです。

書の師匠《ししょう》である母親（武田双葉《そうよう》）からは、「教室を開いてもよい」と認められてはいましたが、当時はまだ25歳です。修業はしたけれど、著名な書家と比べて自分の字が上手いとも思っていないし、生徒さんは年上の人ばかりでした。

そもそも書道教室に通う大人は、子どもの頃に習っていて字が上手い人が多く、意識も高いのです。お金をいただいて何かを教えた経験のある人はわかると思いますが、この状況は緊張します（余談ですが、可哀想《かわいそう》に僕の弟などは、教室を開いて1人目の生徒さんが全国大会で優勝した人でした）。

ふだん教えていても「自分は先生に向いていないんじゃないか？」とか「著名な書家がいっぱいいる中で、自分なんかが教えていていいのか？」という思いがどうしても湧《わ》いてきてしまうのです。

そのときに、知識も経験も自信もない僕が生徒さんを楽しませるにはどうすればいいだろうか？　と考えて始めたのが、海に行って団扇《うちわ》に書《しょ》を書くことや、「リレー書道」でした。

リレー書道というのは、生徒さんが一画《いっかく》ずつ書いて字を完成させるというエクササイズです。僕の著書でそれを知った日本テレビ「世界一受けたい授業」のプロデューサーから連絡をいただき、番組の中でタレントのみなさんにやっていただいたところ大好評をいただきました。その後、レギュラー企画になりましたので、ご覧になった方もいらっしゃると思います。

おかげさまで、リレー書道は日本全国の学校などでも実践してもらえるようになり、僕自身も先生としての自信が持てるようになったのです。

自信がないと、アイデアが生まれます。自信がないなら、そのことを創意工夫するきっかけにすればいい——。

リレー書道は、ある意味「逃げ」だったわけですが、僕だからできることを探した結果、オリジナリティを見つけることができました。僕はリレー書道の一件で、そのことを学びました。

他に自信のなさに関していえば、僕は小さい頃からおしゃべりでした。他人から「君はよくしゃべるねえ」などと軽薄そうに見られることがコンプレックスで、自分とは正反対の、クールで無口な二枚目俳優にあこがれていたものです。

特に僕は書道家ですから、黙っている方が絵になります。でも、しゃべりだすとついつい止まらなくなり、後で反省することの繰り返しでした。

ところが、現在ではそのおしゃべりのおかげで、テレビ出演や雑誌の取材や全国各地の講演会に呼ばれるようになり、毎日ずっとしゃべりっぱなしです。

書道教室では生徒さんを指導しコミュニケーションをとるために、率直な会話が重要です。そんなこともあって、「おしゃべり」「軽い」という自分のコンプレックスは、**自分の強みを見つめ直すきっかけにもなったのです。**

自分の弱さと自信のなさを認められると、あなたの新たな一面を発見することができます。

自信がない自分だからこそできることを探していってください。

それがあなたの新しい個性と強みになります。

「できなくてもいい」と考えると上手くいく

さきほど、「自信のないことが工夫するきっかけになり、それが自分の個性になる」と書きましたが、もっと言ってしまえば、**自分のやりたいことでなければ、できなくたっていいのです。**

僕は子どもの頃から何かを組み立てることができません。「組み立て説明書」を何度読んでもまったくわからないし、まったく興味が湧きません。ワクワクしないのです。だから、プラモデルを完成させたことはありませんし、組み立て式の家具も買えません。

もっとも、僕もいい大人ですから、絶対にやれと言われればできるでしょう。無制限に時間をかければたぶん完成します。でも、時間がかかりすぎるので、僕は「組み

「できなくてもいい」と、
自分を許してあげれば
劣等感は持たなくなる。

立てはやらない」ことを選択しました。

つまり、**できないことをネガティブに捉《とら》えて思い悩むのではなく、自分のできることに注力することにしているのです。**

ここ数年の例では、箸《はし》の持ち方がそうでした。

僕は子どもの頃から箸の持ち方が変で、それがコンプレックスでした。左利きですし、矯正《きょうせい》するのはあきらめていたのですが、テレビに出演したときに視聴者から注意をいただき、やはり直そうということになりました。

そこでマナー講座に行ったら、やはりできない。いくら言われても悪い癖が全然直らないので、先生にさじを投げられてしまいました。生徒としては、なかなかショックです。

僕はその話を書道教室の生徒さんたちに笑い話として報告しました。「先生にさじを投げられるってすごいでしょ？」といった感じです。

そうしたら、その中の1人が、「大丈夫。先生、できるから。私、幼稚園の先生をやっていて、箸使いができない子どもを何人も指導してきたから」と、その場で見てくれることになったのです。

「おー、ワクワクしてきた」

「がんばれ、がんばれ。もうちょっと力を抜いて」

「こう？」

「そうそう、上手、上手。先生、ここまで来たらできるまでやりましょう」

こんなふうに励まされながら、その場のノリでがんばったら、最後にご飯がやっとつまめたんです。

ただし、スキルがまだ体に染《し》みついていませんから、次の日には元の癖が出てしまいます。でも、もともとできなくていいと思っていることですから、気持ちは楽です。できてもできなくてもよし。気長に5年、10年かけて身に付けばいいつもりで、気が向いたときだけ練習しています。「焦らず・急がず・競わず」です。

僕は、家具やプラモデルが組み立てられなくても生きていけます。料理や裁縫《さいほう》ができなくても生きていけます。**できなくてよいと思っているから、僕はそこに劣等感を持ちません。**

何かできないことがあっても、その分、他にできることがあるのだから、人間的に劣るとは思わない。

この考えを出発点にすると、人生、とても楽になれると思うんです。

正しいゴールをイメージする

「上手くできないことはできなくてもいい」とはいっても、「でも、できれば〝できる〟ようになりたい」という人もいることでしょう。実際に、「どうすれば○○ができるようになりますか？」と相談されることはよくあります。

もちろん、その方法は個別の事例によって違うわけですが、そんなときに僕が一般的な話としてアドバイスするのは、次の3つのことです。

1つ目は、「正しいゴール」をイメージすること。

このあいだ「自分は生真面目《きまじめ》なので、妻から『あなたの話は面白くない』と言われる。面白い話ができるようになりたい」と話してくれた人がいました。

こういうときに大事なのは、「ジョーク集」や「話し方の本」を買うことではなくて、まず正しいゴールを設定することです。薔薇《ばら》が欲しくない人に薔薇を100本贈っても喜ばれません。下戸《げこ》の人はどんなに高級な酒をもらっても嬉しくありません。

この事例でいうと、「面白い話ができるようになる」ではなく、「奥さんが面白いと思う話ができるようになる」が正しいゴールになります。だから、僕ならば、まず「奥さんの望む面白さとはどういうものか」を研究し、定義します。

それは、お笑い芸人さんのように、会話の中に絶妙なセンスのボケを放り込んでくる面白さなのか？　ダジャレや自虐的《じぎゃくてき》なギャグでベタな笑いをとることなのか？　あるいは、エスプリの利《き》いた知的な会話なのか？　もっといえば、その奥さんはただ自分の話を楽しそうに聞いてほしいだけなのかもしれません。

こうしたことをまず調べれば、努力すべき方向がわかります。

「お金持ちになりたい」という話も同じです。

そう話す人に「理想の年収ってどれくらいですか？」「具体的にいくら欲しくて、どういう生活がしたいですか？」と尋ねると、「だいたいこれくらいあればいいな」と曖《あい》昧《まい》な答え方をする人が大半です。自分が理想とするレベルのお金持ちのライフスタイルや考え方、悩み、そのレベルの生活をするための稼ぎ方などをきちんと研究している人は少ないのです。

要するに、**「自分は将来こうなりたい」という明確で具体的なビジョンがないまま走り出した結果、余計な苦労をしている人や、立ち止まってしまう人が多いのです。**

本書でも繰り返し書いていきますが、悩んでいないでまず動いてみることはとても大事です。しかし、正しいゴールを設定することなしにそのまま走り続ければ、向かう方向がズレていたときに道に迷ってしまいます。

ちなみに、僕は会社員を辞めた後、周りから「お金に苦労するよ」とさんざん言われたこともあって、「お金にまったく苦労しないようになりたい」と思いました。

それで、お金持ちとはどんな人たちか？　どんな気持ちでお金を払っているのか？というイメージだけでもつかみたくて、超一流ホテルのカフェやラウンジに行って、そういう場所を利用する人たちの行動を観察していました。本をたくさん読んで情報収集をするだけでなく、お金持ちの行動も実際に見ておきたかったのです。今考えると単純な発想ですけれどね。

そんなことだけでお金持ちの何たるかがわかるはずもありませんが、興味深かったのは、彼らが4000円ぐらいするランチを普通に頼んでいたことです。値段で迷っている様子がまったく見えないことがまず衝撃的でした。スマートだなと思いました。

2つ目は、自分にできることをハッキリさせることです。

先日、「口下手で飲み会でもあまり話せないので、いつも自分の周りはわっと盛り上がらないことに悩んでいる」という人から相談を受けました。

この場合の「できること」は、2種類あります。まず、多少でも場を盛り上げるだけなら、本気で戦略を練り、時間をかけて練習していけば、どんな人でもできるようになります。

もちろん、素人《しろうと》が明石家《あかしや》さんまさんのように盛り上げることはできません。口下手な人なら、気の利いたジョークも、「すべらない話」もできないかもしれません。

でも、面白いことを言わなくても、占いを勉強するとか、簡単なテーブルマジックを身に付けるとか、メンタリズムのような心理学的な話題を仕入れておくとか、体力勝負で一発芸を披露《ひろう》するなど、口下手でも場を盛り上げる方法はあります。

時間はかかるかもしれませんが、ここでも、急がず、焦らず、競わず——です。

3つ目は、裏方として役に立つことです。

役者はできないけれど、ディレクターやアシスタントディレクターならできるかもしれません。例えば、1人でつまらなそうにしている人がいたら声をかけるとか、注文の手配を積極的にするとか、場を和《なご》ませる話題やその場にいるメンバーをほめる話題を出すとか、あるいは、自分も参加メンバーも楽しめるような助《すけ》っ人《と》(盛り上げ役)を呼ぶ、という具合です。これも広い意味では「場を盛り上げる」に入ると思います。

だから、具体的なビジョンを持ったうえで、時間がかかっても盛り上げるスキルを身に付けるのか、それとも、裏方的な貢献をするのか、そのどちらかに徹するといいのかもしれません。

弱気な自分を認めてあげる

先日、仕事関係の若い友人が打ち合わせをするために訪ねてきました。彼の顔を見ると、瞼《まぶた》の回りがひどくかぶれています。数日前からの症状だというので早く治療することを勧めたのですが、彼は「大丈夫」と言い張ります。

「疲労が原因だと思いますから大丈夫です。それよりもみなさんに気を遣《つか》わせてしまって恐縮です」

「いや、そんな気遣いよりも自分のことを考えた方がいい。原因がわかっているなら、この際、生活パターンを見直した方がいいですよ」

こんなやり取りをしながら、僕は病気で倒れるまでの自分を思い出していました。

僕も彼と同じだったのです。以前は、父が言っていた「病院に行ったら負けた気がする」という、誰に対して意地を張っているのかわからない強がりを鵜呑《うの》みにしていました。

しかし、僕が2011年に胆石症《たんせきしょう》になってから、考え方が変わりました。

振り返ってみると、病気の前兆はハッキリありました。ときどき右の上腹部が痛くなっていましたし、肩凝《かたこ》りもひどい状態でした。何より、その頃は、ひどく疲れていました。

スケジュールは先々まで満杯。書道教室の運営に加えて、作品制作や原稿執筆、全国各地での講演会、そして、マスコミへの出演などが重なっていました。寝ても疲れがとれず、朝、目が覚めても、体が鉛《なまり》のように重い日々でした。

でも、**人間ってがんばることができてしまうものです。自分の状態が悪いことはなんとなくわかっているのに、「まだまだ大丈夫……」と思ってしまう。**特に僕の場合は、仕事が順調にいき出したところでしたから、精神的にはとても充実していました。

それで、ある日突然、バタンです。

のたうち回るような痛みに慌《あわ》てて病院へ駆け込んだのですが、僕は胆のうを取る手術が嫌で、そこでもヘンにがんばってしまいました。西洋医学を拒否して、食事療法と漢方薬で治そうとしたところ、その後二度も入院することになったのです。

結局、手術で結石《けっせき》を取ることにしたのは、最初に病院へ行ってから半年以上経ってからです。その後も1年ほどは無理を重ねて働いていましたが、ようやく自分の間違いを認めて全面的に降参することになりました。

当時、僕がそこまでがんばっていたのは、自分のなりたい姿を追い求める気持ちや、自分の名前をもっと大きくしたいという野心がまだどこかにあり、そこにしがみついていたからだと思います。だから、他人から手厳しい批判やひどい中傷《ちゅうしょう》を受けると感情的に反応してしまい、少なからず傷ついていました。

その時期は妻がマネージャーをしていたのですが、とにかく忙しすぎて妻との会話もギスギスしたものになっていました。

そこで**覚悟を決め、脇目もふらず走り続けてきた「武田双雲」というレールから降**

り、リセットすることにしたのです。がんばることをいったんやめ、仕事の量をそれまでの三分の一に減らしました。

「僕は弱くていい」。そう思えるようになってよかったのは、無用なプライドを手放せたことです。自分の身体を大切にできるようになっただけでなく、他人からの批判や中傷も〝柳に風〟と受け流せるようになりました。

辛《つら》かったら逃げてもいい。無理はしない。やりたくないことはしない。弱気になっていい。バカにされても感情的に反応しない。弱いのだから論争や競争もしない。**「弱くていい」と思えるようになったら強いですよ。**無敵です。そもそも戦わないのだから敵が存在しません。バカにされても、「自分は大した人間じゃないですから……」と素直に認められます。「薄っぺらい人間だ」と言われたら、「はい、薄っぺらですよ～」と、今は笑って言い返すことができます。

僕の言う「ポジティブ」とは強くなることではありません。自分の弱さを認めることです。そのことによって、自分のできること、より得意なことに焦点を当てられる

逃げてもいい、
弱くてもいい、
無理はしない。
そう考えれば
自然と周りから
敵はいなくなる。

ので、さらにポジティブになれるのです。

だから、あなたが自分の弱さを認めたくない人、そして、責任感と敏感さから自分のことよりも周りに気を遣いすぎてしまう人ならば、思い切って「自分は弱くていい」と認めてしまうことをお勧めします。血気《けっき》盛んな20代だとまだ難しいかもしれませんが、ダメな自分も認めてあげましょう。

グチをこぼしてはいけないと誰が決めた？

「グチをこぼしてはいけない」と自分に言い聞かせている人はよくいます。他人に対して「グチをこぼすな」と言う人もいます。

たしかに、人生においては言葉が現実をつくっていく側面もあるので、その意見にも一理ありますが、それでも僕は、グチはこぼしていいと思うし、むしろ、苦しいときは健康のために吐《は》き出さなければいけないと思います。

なぜなら、グチは「生理反応」だからです。傷《いた》んだ食品を食べたときに思わず吐いてしまうのと同じで、体の中の悪いものはまずグチとして吐き出さなければいけないのです。だから、生き方としていいとかダメとかで評価すべきものではないと思います。

だから、僕は、他人のグチも快《こころよ》く引き受けます。普通、目の前で嘔吐《おうと》している友人がいたら、背中をさするなり、水を飲ませるなどして介抱しますよね？　そのうえで、どうすれば体が回復するかを一緒に考えるでしょう。

目の前でグチを吐かれたら嫌なのはわかりますが、**他人のグチを許さない人は、自分のグチも許していないのかもしれません。**

しかし、「ネガティブを許さないタイプのポジティブ思考の人」は、実は自分自身もキツいはずです。気分の悪いときに吐くのをがまんしているわけですから。

ネガティブを許さないことこそ、実は一番のネガティブです。

そもそも、僕は物事を「良し悪し」とか「ポジティブかネガティブか」などの二項対立だけで考えない方がいいと思っています。結論を2つのうちのどちらかに決めつけて、一方を否定するのではなく、もっと柔軟に考えてはどうでしょう？

「グチは生理反応」という発想もそうですし、例えば、「それは前向きな行動か、後ろ向きの行動か」という問いがあったときに、前後だけではなく、「上・下・左・右」と

グチは誰でもこぼれるもの。
他人のグチが許せないときは、
自分のグチも
許せないのかもしれない。

いう方向で考えてみてもいいと思います。

そうしたら、「後ろ向きだけれど、ちゃんと上を向いている」みたいな捉え方も出てきますよね？　屁理屈《へりくつ》といえば屁理屈ですが、思い込みとか決めつけを取り払って、まったく違う観点から柔軟に物事を眺めてみると、気持ちが楽になるし、人生も楽しくなります。

人生のチャンスは一度きり？　いいえ、何度でもあります

当たり前ですが、本格的にサーフィンをしている人は波を読むのが上手いものです。どんな波を待って、どんなタイミングで波に乗るか？　あるいは、どんな海なら危険か？　といったことを彼らは熟知しています。

人間関係にも「波」があります。その場を読み、上手く乗るとよいのは同じだからです。

とはいえ、よく言われる、「チャンスは二度と来ないから決して逃すな」といった考え方には、僕は違和感を持っています。

なぜ、みなさんはそんなに焦って波に乗ろうとするのでしょう？　なぜチャンスはもう来ないと思うのでしょう？

波は、来る日も来る日も、浜に打ち寄せます。いい波、大きい波は、次々と来ます。**チャンスは無限に来ているのだから、逃してもいい。目の前の波に乗っても乗らなくてもいい。むやみに焦る必要はないし、自分のペースでチャレンジしていけばいい。**

僕のサーフィンの師匠（コーチ）も、「武田さん、別にそんな焦って乗らなくていいですよ。どんどん波が来ていますから」とアドバイスをしてくれます。

「幸運の女神には後ろ髪がない」（通り過ぎてしまったら髪をつかむことができない）という言葉がありますが、女神はまたあなたのそばを通りますよ。

もうチャンスが来ないと感じるのは、チャンスを見る目が未熟か、波の見方を知らないか、大きな波ばかり待っているからでしょう。

サーフィンにたとえると、穴場的なサーフスポットはたくさんあるし、寄せる波もいろいろです。その時点で何がいい波かは、人それぞれ違います。その中から自分に合う波を見つければいいのです。

僕は毎日チャンスだらけだと思っています。

悩みは「問題を切り分けて」考える

悩んだときには、ロダンの彫刻の「考える人」のように固まって悶々《もんもん》としているのではなく、とにかく行動することが大事です。

なぜなら、人間は、何か行動を起こすと意識がそちらに向くので、動いている間は悩むことができないからです。

例えば、あなたが仕事中に上司に嫌みを言われ、帰宅してもまだ気持ちが落ち込んでいたとします。そこに大嫌いな虫が現れ、自分に向かって飛んできた。そして殺虫スプレーを片手に懸命に退治しようとしているあなたは、その間、嫌みな上司のことを忘れているでしょう？

それほど極端な例でなくても、嫌なことがあるとフィットネスクラブで汗を流したり、少々凝った料理をつくるなどして、気分を変えている人も多いはずです。

これらの行動は、悩みを断ち切るにはとてもよい工夫ですが、動きを止めてしまうとまた悩んでしまうのが欠点です。

そこで僕がお勧めしたいのは、やはり、そもそもの原因となっている問題を解決することです。具体的には、問題を切り分けていくのです。

この「切り分け作業」という手法は、以前勤めていたNTT時代に身に付けました。通信トラブルがあったときには、その原因が「電話機」にあるのか、それとも、「NTT側の回線」にあるのかを切り分ける。こちら側の回線に問題があるとわかったら、考えられる原因を大きく2つに切り分けて、そのどちらかにあたるのかを考える。これを繰り返して原因と対処法を見つけていくのです。

切り分け作業は、人間関係のトラブルや人生の悩みでも使えます。

第1にすべきなのは、問題を「考えても仕方のないこと」と「行動に移せばなんとかなること」の2つに切り分けることです。

考えてもどうにもならないことを心配している時間があったら、もっと具体的な心配、つまり、リスクマネジメントに切り替えて、すぐにでも行動した方がいいのです。敏感すぎる僕も、その切り分け作業が上手くなったから、他人からはいつもポジティブだと受け取られるようになったと思います。

例えば、「LINE（ライン）」が既読スルーされたとき（相手がこちらのメッセージを読んでいるのに返信してくれないとき）に、相手が何を思っているか考えたって意味がないのです。無限の樹海に迷い込んでもう抜け出せなくなります。

「本当は怒っているんじゃないか？」「あのとき、ああすればよかった」などと悩んで身動きがとれなくなることが、一番のリスクです。

そんなときに自分ができることは限られています。

こちらからその理由を尋ねてみるか、一切気に留《と》めないかを決めます。尋ねると決めたら、行動に移します。ただし、期限を決めて、スタンプを〇回送っても（〇日待っても）返事がなかったらあきらめます（回数や期間で切り分ける）。

こうやってすぐに行動して、自分がすべきことをしても解決しなかったら、そこに残されたのは「自分ではどうにもならないこと」だけです。そうなれば、ただ悩んでいるだけよりもスッキリするし、前に進めると思います。

どうせ、相手が既読のＬＩＮＥを返してこなかった理由なんて、本当のところはわからないのです。相手が言葉を尽くして言い訳したとしても同じです。それが本音かどうかをチェックする術《すべ》がないし、言っている本人だってわからないでしょう。

人生の悩みも同じです。心配することも大事だけれど、僕は心配しても無駄なことは心配しないと決めています。

どうせなら、なんとかなることに時間もパワーも使いたいですよね。

第2章

疲れない、いい人のすすめ

「疲れない気配り」をする

「いい人をやめていいんだよ」と言われるとホッとする人が多いのは、みんな、人間関係に気を遣いすぎて疲れてしまっているからでしょう。

「周囲の目が気になる」とか、「ランチに誘われて嬉しくないのに嬉しいふりをしてしまう」といったことで悩む人がそうですよね。

先日も、仕事で訪ねてきた若い男性で、こんな悩みを抱える人がいました。

「2人の先輩が仕事の進め方で違うやり方を教えてくれる。どちらの言うことを聞いても、もう一方の先輩に対して角が立つので困っています」

彼のように、繊細で考えすぎる人、NOが言えない人は、組織の中でやっていくのは苦労が多いだろうなと思います。自分を偽《いつわ》って、がまんして付き合っているなら、それはキツい。

僕も以前は周りに敏感で、何かと気を遣いすぎて疲れている時期がありました。

書道教室で、生徒さんたちに僕の周りに集まってもらってお手本を見せているときにも、「ここに墨汁《ぼくじゅう》があったらあちら側の人からは手元が見えないな」とか、「○○さん、もう少しこちらから見てくださいね」といろいろ考えすぎてしまいます。

手元が見えなければ生徒さんが自分で動いて視線を変えるはずですから、そこまで気を遣う必要はないのでしょうが、気になるものは気になってしまうんです。

また、何人かで歓談しているとき、誰か1人でも表情が暗くなったりすると、「何か余計なことを言っちゃったかな。傷つけたかもしれない」と、あれこれ思い悩むうちに気疲れしてしまう体質でした。

「だったらいっそのこと、気配りなんかやめてしまおうか」「好きにふるまって、毒舌《どくぜつ》を吐けたら気分がいいのかな」と、次第に投げやりな考えも浮かんできます。

そこで、僕があるときから始めたのは、**周りに気を配る姿勢を大切にしながらも、**

「疲れる気配り」をやめることでした。

相手を思い遣《や》る心は素晴らしいことですから、やめない方がいいので、「疲れない気配り」ができるようになれば、それが理想じゃないですか？

要するに、「上手にNOが言える人」になればいいのです。そのためには、相手の言葉の受け取り方と、こちらの言い方を工夫するのです。

例えば、さきほどの、いろいろな先輩の顔を立てすぎる若者の話なら、

「ありがとうございます。アイデアとしていただいて、やらせていただいて、もし自分に合っていたらぜひ採用させてください」

みたいな言い方ができれば素敵ですよね。

上司や先輩の言葉は「正しい」ではなく、あくまでアイデアとして受け取っておき、それを採用するかどうかは自分が自分自身と相談して決めるのです。

中学生の僕はそれができず、野球部のコーチの指導に従いすぎて肘《ひじ》を壊した苦い経験があるので、なおさらそう思います。

僕の肘の話はともかく、「上司や先輩に飲みに誘われると断れない」とか、「本当は嬉しくないのに嬉しいふりをしてしまう」といった場合もそうです。

「ありがとうございます。誘ってもらって嬉しいです。でも今日は用事があってご一緒できないんです。また声をかけていただければ嬉しいです」

「ありがとうございます。僕はお酒を飲みませんが、それでよければお供したいです」

このように、素直に「ありがとうございます」と言う姿勢は大事です。相手の投げてくれた〝ボール〟を素直に受け取ってみて、その後に「このボールは僕に合わないので……」と申し出るのは、上司や先輩の立場で考えても問題ないと思います。

誰かに誘ってもらったり、プレゼントされたこと自体は嬉しいわけだから、そこは素直に感謝して好意として受け取ればいい。

そのうえで**「ダメなことはダメ」と「こういう条件でよければ……」と、自分が応えられることと、できないことを少しずつでも伝えていくことができれば、不要なストレスは減っていくはずです。**

「いい人」は〝心配する〟。「優しい人」は〝心を配る〟

以前、仕事で地方に行った際、ある飲食店に入りました。

そこで出された料理は自分の口にはまったく合わなかったのですが、そこの店主さんに「いかがでしたか?」と聞かれたとき、とっさに「美味《おい》しいですね」と嘘《うそ》をついてしまいました。

もちろん、面と向かって「美味しくない」とはなかなか言えませんが、自分の中に何かモヤモヤしたものが残りました。

「本音で話せなかった……」「でも、相手を傷つけなかったから、よしと考えるべきか……」などと、頭の中でいろいろな思いがぐるぐると渦巻いてしまいました。

そこでふと、「『いい人』と『優しい人』は、どう違うのだろう?」と考えてみまし

誰かに思い悩むのはよくあること。大切なのは、引きずらないで自分らしい「心配り」をする。

た。

例えば、誰かと会話をした後に、「あの人を傷つけたかもしれない」「さっきの言葉で落ち込んでいるかもしれない」と気になることは誰でもあります。

「いい人」は、そのことをずっと思い悩み、あることないこと妄想《もうそう》して心配する人です。よく考えれば、自分は相手に対して何の働きかけもしていません。それは、優しいのではなく、単なるエゴともいえるでしょう。

ずっと考え続けて相手の出方を待っている「いい人」は、いたずらに時間ばかりがすぎ、自分だけが辛いのです。

一方、「優しい人」ならば、うじうじと悩む時間があったら、すぐに相手に電話するなり、相手を尊敬できる部分を探して次に会ったときに挽回するなり、何か行動を起こします。相手に自分の気持ちを伝えて誤解を解こうとします。

もし相手が傷ついていたとしても、早いうちに誤解が解ければ、相手のダメージも軽く済みます。

僕は「思い遣り」という言葉がすごく好きなのですが、**大事なのは、何もせずに心配し続けることではなくて、思いを「遣る」こと。これができる人は、「優しい人」だと思います。**

もし、あなたの頭の中が「心配」でいっぱいになったら、自分を守っているだけなのではないかと疑ってみてください。

優しい人になるのは簡単です。「心配」に「り」をつけて、相手に「心配り」をすればいいのです。

すぐに行動を起こして、「自分ができること」を実行していきましょう。

自分の気持ちを置き去りにしない

昔から商売上手で知られた近江《おうみ》（現在の滋賀県）の商人の考え方に「三方《さんぼう》よし（売り手よし、買い手よし、世間よし）」という言葉があります。

この言葉は、自分（売り手）だけが儲《もう》けたら商売は上手くいかない。お客さまだけが満足する取り引きでは商売が成り立たなくなる。自分とお客さまだけがよくても、世の中に貢献しない商売は決して長続きしない、という意味です。

そこで、先ほどの「いい人はなぜ辛くなるのか」について、この「三方よし」の考え方に倣《なら》い、「自分よし、相手よし、世間（社会）よし」という発想で、もう少し考えてみたいと思います。

いい人であることが辛くなる、言ってみれば「ダメな、いい人」には2種類のパターンがあります。

ひとつは、**いい人を演じているけれど、本当は自分のことしか考えていないパターン**です。

先ほど書いた「相手を心配しているようでいて、実は自分の心配をしてしまう」のように、無意識にそうなっている場合もあるし、確信犯的に自分のことしか考えていないために信頼を失っていく場合もあるでしょう。

いずれにしても、これではいい時期は長続きしません。

もうひとつは、**自分を犠牲にしてがまんしている（他人のためにやっている）から、どこかで破綻《はたん》してしまうパターン**です。

こちらは本当に優しい、いい人が、がまんしすぎて心を痛めてしまう気の毒なケースです。この本を手に取ってくださっている方は、きっと日頃からこういうことで悩んでいるのだと思います。

僕が特にそういう方たちに申し上げたいのは、自分・相手・世間のバランスをとり

私、相手、世間……。
関わる人が
増えるときほど、
自分を置き去りに
しないで、
「私」の声に
耳を傾ける。

つつ、くれぐれも自分を大切にしてくださいということです。**一人称から二人称、三人称と関わる人が増えていくときに、決して自分を置き去りにしないことです。**

例えば、「いい旦那《だんな》さん」とか「いいお嫁さん」「いいお母さん」「いい子ども」を無理して演じていると、どこかで無理がきます。「こういう子育てをしなければいけない」とか「こんな大人でなければいけない」と思い込んでいると、どんどん辛くなります。

そして、「家族のために、会社のために、ずっとがまんしてきたのに……」といった不満がのちのち爆発することになるのです。

がまんして、苦しいのにやり続けたら、絶対に見返りを求めたくなります。見返りを期待することは、人生を前に進める際にはすごいブレーキになります。

だから、ときどき自分に向かって、尋ねてみてください。

「もしかしたら自分に嘘をついていないかい?」

こんなふうに自問自答して、言っていることと、やっていることと、思っていることのバランスを調整してみるのです。**自分の声に聴き上手になれるといいですね。**

もし自分が本当に思っていることならいいのです。それは辛くない。でも、自分を偽っていたら問題です。

一緒に、本当の三方よしをめざしましょう。

絶対に人生がよくなります。

みんなの幸福度が上がる3つのバランス

三方よしの話をもう少し続けましょう。

あなたは、自分がやりたいことと、会社や上司からの指示が食い違って悩んだことはありませんか？

自分、相手、世間の3つのバランスをとっていくのは、全員が満足する「最大公約数」を探していくことと同じです。他人が関わってくるものであるし、高い社会性が必要だから、頭ではわかっていても、これを実際に行うのはなかなか難しいと思います。最初は誰もできないのではないでしょうか。

本物の三方よしを身に付けるには、日々の練習、つまり、失敗の積み重ねしかありません。

僕のイメージでは、音楽でいう「チューニング（音合わせ）」が、三方よしのバランス取りに一番近い気がします。自分の気持ちのいい音と、相手や仲間の気持ちのいい音、そして、聴衆にとって気持ちのいい音を、音を合わせながら探っていくのです。もちろん、その答えはひとつではありません。

だから、**「みんなにとってハッピー」な解答を見つけるには時間がかかります。**

強いリーダーや、成功者といわれている人は、強引で、すごいスピード感で物事を進めていく傾向があります。ビジネスや政治の世界では必要なことなのでしょうが、それだけが正しいものではないと思っています。

僕にとっては、成し遂《と》げることの大きさよりも、毎日のみんなの最大公約数、幸せの方が大事ですし、強引さがなくても十分上手くいくことは知っています。**三方よしは一見遠回りに見えますが、実は近道だと僕は思っています。**

ミュージシャンやアーチストは、自分のつくりたい作品をつくるわけですが、仕事の注文が来ないときや作品が売れない場合には、自分がつくりたいものとクライアントとお客さまの求めているものがズレている可能性があります。たまたま我《が》を通した結果が時流に乗った人はいいですが、そういうことは滅多にありません。

そんなとき、僕はどうするかというと、自分には「いろいろな好き」があるから、いろいろな作品をまず出してみます。そして、相手の反応を見ながらチューニングをしていきます。でも自分を犠牲にはしません。自分が書きたくない作品は絶対書きませんし、自分が気持ち悪いとか、自分が書いていて楽しくない作品は絶対に書きません。

そこは絶対に守りますが、その作品に関わる人の意向（ビジネス）も無視せず、その先に待っている人の喜んでくれる顔も忘れません。

もう少し身近な、家族や同僚との日常的な関わりのケースで考えてみましょう。

例えば、自分は中華料理が嫌いなのに、他の全員が「今日は中華に行きたい」と言い出したときにどうするかという問題です。

ここで自分がどうふるまうかで、誰かが不満足にもなるし、全員がハッピーな「三方よし」にもなります。

もしかしたら、中華料理の中にも自分が食べられるメニューが見つかるかもしれません。餃子《ギョーザ》だけは食べられるというなら、「餃子が美味しい店に行こうよ」と提案すれば全員がハッピーです。

あるいは、「中華がどうしても苦手なんだ。美味しいイタリアンがあるんだけど、そこじゃダメかな?」と提案してみたら、みんなが積極的に賛成してくれるかもしれません。もっといえば、中華が苦手というのは自分の思い込みで、本当に美味しい料理を食べたら意見が変わるかもしれないのです。

これは単なる嗜好《しこう》の問題ですが、メンバーの1人が食物アレルギーを抱えている場合だってあります。そういった場合にも、アレルギー持ちの人の安全と希望を最優先しつつ、美味しいものは食べたい――。そんな話し合いで全員の最大公約数を探った結果、アレルギーに関する知識や意識を共有できれば、三方よしですよね。

僕自身もまだ未熟ですが、本物の三方よしに近づくように生きているつもりです。

本の出版に関していうと、僕はこれまで50冊くらいの本を出しましたが、1冊目よりも現在の方が確実に成長しています。

1冊目は余裕がなくて、「書いてください」と言われても、右も左もわかりません。出版業界の事情も、編集者が何を考えているかもわからないから、自分のことで精一杯で、ただ一生懸命に仕上げるだけでした。

しかし、経験を重ねるにつれて、自分のことだけではなく、編集者や出版に関わるすべてのスタッフ、出版業界、書店、そして、読者のことも慮《おもんぱか》ることができるようになってきました。今では、自分だけではなく、みんながよくなるといいと心から願って本をつくっています。

自分は作家としてはよちよち歩きですが、そうやって**三方よしをめざして、経験を積むと幸福度が上がっていくのがわかりました。**

だから、人生は素晴らしい。みなさんも、そうやって常に最大公約数を探ってみてください。

アドバイスは相手を傷つける武器かもしれない

僕が他人との関係性で気をつけているのは、アドバイスの仕方です。**よかれと思って贈ったアドバイスでも、言い方を間違えると相手を不愉快にするかもしれないし、傷つけてしまうかもしれません。**親身になってアドバイスしているつもりが、「上から目線の批判」になっていることもよくあるからです。

僕は他人を変えることはしません。相談されたら話はしますが、基本的に「もっとここを変えたらいいのに……」というお節介はやめました。ネガティブな人に「ネガティブをやめよう」とは言わないということです。

そういうスタンスにしたら、とても楽になりました。

僕の言葉でたまたま相手が変わることはありますが、意図して他人を変えることはできませんからね。

身近な例でいえば、僕の書道教室の先生の中には、不器用な人もいます。本人の実力や魅力をもっと発揮するためにも、「もっと生徒さんに感動すればいいのに……」とか「もっと上手くやればいいのに……」と感じる人もいます。

でも、僕はあえて言いません。聞かれれば話しますが、「僕だったらこうしますが、自分の個性を活かす戦略でいけばいいですよ」と伝える程度です。

アドバイス自体、「間違いを正す」という意味では、どんなに柔らかな言い方をしても批判と紙一重《かみひとえ》ですから、拒否反応を起こすのは当たり前です。だから、よくよく注意しなければいけないのです。

例えば、僕が書道教室で生徒さんにアドバイスしたとします。「しんにょうの一画目はもう少し上に吊った方がいいですよ」という指摘は、「あなたの今のこの手は間違っていますよ」ということに等しいのです。

この場合、僕が書道教室の先生であり、生徒さんは教わりに来ているからアドバイスを受け入れますが、お願いしてもいないのに「ここ、おかしいですよ」と言われたら嫌ですよね。優しい表現で言われても、嫌なのは一緒です。

人間の多くは、自分が間違っていても、他人の指摘をなかなか素直に受け止められないのです。

先生としてリスペクトされていて、相手の方から相談を持ちかけられているという関係でも、僕の贈ったアドバイスがスルーされてしまうことも日常茶飯《さはん》です。

本や講演会で僕のファンになってくださって、「先生いつもありがとうございます。救われています。こんなとき、どうしたらよいと思いますか?」と聞かれたので、「ここがボタンの掛け違えになっていると思うので、こう直すといいと思いますよ」と答えたら、「え、それは無理ですよ」と拒否されることもありますから(笑)。

でも、それが人間だと思います。ややこしいのです。

相手が相談を持ちかけてくるときにはすでに自分の中に答えがあって、実はアドバイスは求めていないことも多いのです。

アドバイスと批判は
紙一重。
意図して相手を
変えようとすれば
関係がギクシャクする
かもしれない。

ただし、相手と一時的に関係がギクシャクしたとしても、「明らかにそれは間違っている。こうした方がいい」と話すべきケースもあります。すぐには相手に受け止めてもらえなくても、何年後かにでも気づいてもらえればいいという場合です。

僕はサラリーマン時代に、親しい同期から自分の癖について強く注意されたことがありました。

「武田、おまえ、人を指さして話すのは絶対によくないぞ。傷つくし、怖いだろ？　銃を突きつけられているみたいで」

生まれて初めて強く指摘されたので、そのときは素直に受け止められなかったのですが、以来、彼の言葉が頭の中でリフレインするのです。誰かと話すたびに指が気になって、次第に「自分の無意識の行為で傷つく人が何割かいるとしたらよくない」という当たり前のことに気づくことができました。彼は、友だちだからそこまで言ってくれたのです。今はとても感謝しています。

もっとも、これは例外的で、**本来は他人を変えるような言い方はしない方がいいでしょう。**

もし言うときは、その後の関係がギクシャクしても仕方ないと覚悟を決めて話すことです。

相手との距離に迷ったら、伴走者になる

敏感な人が他者とどう接していくか、あるいは、どんなアドバイスをしていくかという話では、僕は自分の子育て体験や書道教室の運営がよいヒントになっていると思います。

今、僕には10歳を筆頭に3人の子どもがいるのですが、最初の子育てのときにはとにかく振り回されました。小さい子は癇癪《かんしゃく》を起こすのが当たり前ですが、時に手をつけられない泣き方をされると、親に余裕がなくなって途方に暮れてしまうのです。

当時は、僕はきちんと育てることができるのだろうか？　と思い悩むほどでした。

ところが、3人目になると、全然振り回されないのです。癇癪を起こすのは2人目も3人目も同じです。

変わったのは、子どもではなく親の方でした。子育てに慣れて、コツがつかめてきたのか、どんなに泣かれてもまったく動じなくなりました。

また、**書道教室の運営では、教室を始めた頃には、生徒さんの反応に敏感すぎて悩んでいました。**

子どもの生徒さんから「先生、字が下手だね〜」とからかわれて落ち込む日もあったのです。

この話を他でもすると、「生徒に『先生、下手だね』と言わせるのはすごい度量ですね」とヘンな感心の仕方をされるのですが、僕は自由でフラットな（上下関係のない）関係性の教室をつくりたかったので、「先生、ダサい」とか「おっさん」とか、生徒さんには好きに言わせていました。

そのくせ最初は落ち込んでいたのです。でも、**次第に子どもたちの生態がわかってくると、何を言われても平気になりました。15年が過ぎた今は、相手の反応を受け流せるようになりました。**

口から出てきた言葉が必ずしも本意ではないこともわかってきましたし、僕に対して攻撃的な態度をとる子が、当時、家庭や学校で強いストレスを受けていたとわかったこともあります。

登校拒否に近い子もいましたし、ご家庭で不幸があった子や、親御さんとの関係が悪くてコミュニケーションが上手にとれない子もいました。いろんな環境の子がいるわけです。

そういう事情も合わせて考えたときに、自分が子どもたちを温かく、そして、いい意味で鈍感になって見守ることができるようになってきたと思います。

第1章でも述べたように、僕は先生としての自信がありませんでした。生徒さんを上から押さえつけるような指導もできないし、先頭に立って引っ張るようなリーダーシップを発揮することもあきらめていました。

だからこそ自分にできることを考えて、生徒さんの上に立つのではなく、横や下や後ろから風を送る、いわばジョギングの伴走者のような存在になろうと思いました。

相手がどこに向かおうが強制はしない。善意という名の余計なお節介も焼かない。ただ、僕が伝えられることを自然に伝えて、相手の幸せを願っている。このスタンスは生徒さんだけではなく、誰に対しても同じです。

そういう意味では、教室でアドバイスするのも、僕が本を書くのも、基本的には一緒なのかもしれません。

本の中では、「こうした方がいい」という話もしていますが、それは、読者の方が悩んだときに、その悩みや自分の状況に合わせて適宜《てきぎ》参考にしてください——ということであって、面と向かって指摘するのとは違います。

相手の未来をコントロールすることはできませんから、お互いの関係性としては、必要なときに必要なことを聞いてもらって（本を開いてもらって）、僕はそのときできる応援をします。あとは温かい目で見守るくらいが、ちょうどいい距離感なのかなと思っています。

自分を温かく見守る〝のんびりした目〟を側に置く

不安になったり、ビクビクしたり、焦ったり、怒ったり、落ち込んでいるときには、どうしても視野が狭くなりがちです。

「なぜあんなことを言ってしまったのだろう？」

「どうしてあんなに感情的になってしまったのか？」

冷静になって思い返すと後悔するようなことが誰にでもあると思います。そして、敏感すぎる人は、いつまでもそのことを思い悩んでいる……。

そんなときに、僕が実行しているのは、**敏感になっている自分、イラッとしている自分を、側《そば》で見守っている「別の自分」を持つことです。**

不安を感じているとき、気持ちの余裕がなくなっているとき、感情的になっている

ときなどには、

「顔がこわばっている。余裕がなくなっているなあ」

「イラッとしているな」

「あーあ、怒っちゃったか。仕方ないけど、落ち着け、落ち着け、自分……」

といったように、心の中でつぶやいてみるのです。

バカバカしいようですが、これはとても効果があります。

以前、ある方と対談したときに教えていただいたのですが、ミス・ユニバースの大会に出場する人たちも、自分を徹底的に客観視する練習をするそうです。

自分のプロポーションはこうなっていて、頭の比率がこれくらいで、こういう顔をしていて、こういう声をしていて、こういうキャラクターをしているから、他人からはこう見られるだろう——と。

人間は、自分の姿をイメージするときに、自分の見たいように甘めに見てしまいますが、彼女たちは、自分の外に置いた目（審査員の目）から客観的に自分を見て、低い

敏感な自分を見守ってくれる
「もう1人の自分」がいれば、
心の余裕が生まれる。

ポイントをいかに高く伸ばしていくかということを徹底しているのです。

それをしているのは、俳優やモデル、ダンサーなど、お客さんから自分の演技や立ち振る舞いを評価される人たちも同じでしょう。

もちろん、僕たちは自分をそこまで厳しく見る必要はありません。**敏感な僕たちにとって大事なのは、むしろ、「とてもゆったり・のんびりした、温かい目で自分を見守ってあげる」ということです。**

ご存じかどうかわかりませんが、僕の中では、その温かい目は、「ドラえもん」に出てくる、のび太のおばあちゃんのようなイメージです。作品の中ではもう亡くなっている設定なのですが、のび太が何をしても優しく受け止めてくれる存在なのです。

あなたも、自分の外に、「客観的かつ温かい目で見守るもう1人の自分」を置いてみてください。

外から自分を見るというと難しそうに思うかもしれませんが、意識してやってみると意外にできるものですよ。

このとき、まるでハンモックで揺られながら、あるいは、テラスでコーヒーでも飲んでいるかのような余裕で、自分の姿を見守ることができたら理想的でしょう。もっとも、ここまでできればかなり上級者のレベルですが……。

第3章
「心のメガネ」をかけてみる

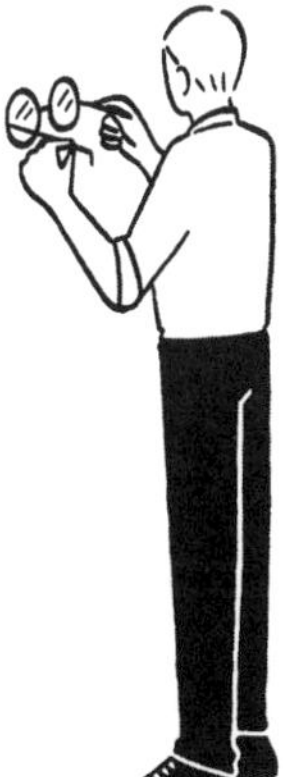

他人の見る目なんて〝いい加減〟

「あの人は仕事ができる」とか「あいつは使えない」とか……、会社勤めをしていると、常に同僚と比較されます。もしあなたが他人の評価に敏感すぎる人なら、毎日そういう中で働いているのは辛いですよね。

その解決策を一言で言うと「周りの評価なんて気にしない」ですが、すぐにそういう心境になれないからこそ、あなたは悩んでいるのでしょう。

だから、ここでは他人の評価を気にしなくていい理由を書きます。

そもそも、他人の評価って、よくも悪くも実にいい加減なのです。1人で思い悩むのがバカバカしくなるほどですよ。

僕は書道はもちろんのこと、絵本や俳句、生け花などのさまざまな賞の審査員も務めています。

そうやって他人を評価した経験から気づいたのは、コンクールの審査の決め手になるのは、その場の流れとか、気分とか、他の作品との比較です。ハッキリ言うと、個人の好き嫌いであることがほとんどです。作品の評価に絶対的な基準なんてありません。

基準がないのは人間だって同じです。

だから評価を受ける側は辛いし、「納得できない」という気持ちもわかります。しかし、だからこそ、思い悩んでも仕方がないとも言えませんか？

もし他人の評価に納得できないときには、そこから離れてみる方法もあります。人の評価は、その人がいる場所によって変わります。

うだつの上がらない社員として見られていた人が、ある日、部署異動したり、直属の上司がかわったとたん、みるみる高い評価を受け、人生上がり目なんていうこともしばしばあります。

このように、人の評価なんて、それぐらい相対的で、多様で、曖昧なのです。

とはいえ、僕は自分がそうしたからといって、簡単に「会社を辞めてはどうですか?」とは言いません。辞めるのは不安だし、怖いですから。

要は、どちらかだと思うんです。もしその場所から逃げられないのなら、評価を捨てて淡々とやり続けるしかない、と覚悟を決めることです。

その意味では、僕はタレントの出川哲朗《でがわてつろう》さんがとても参考になると思います。出川さんとは何度かお仕事をさせていただいたことがありますが、彼は、他の出演者にイジられることで笑いをとる、いわゆる「リアクション芸」では芸能界でも指折りの人です。

その出川さんでも常にトップクラスの評価を受けてきたわけではありません。もちろん、共演者たちは彼のすごさを知っていますが、世間一般の評価が(もしかしたら業界内の評価も)、その実力に見合っていたかというと疑問です。

出川さんによれば、ご自身がやっていることは子どもの頃から変わっていなくて、出

他人からの評価は
天気と同じで
曖昧なもの。
あなたらしく
がんばることが
一番大切。

川さんは昔から「出川哲朗さん」だったそうです。

ところが、最近になって評価が上がり出したのは、彼が自分のすべきことを淡々とやり続けてきたからだと思います。

さきほど、他人の評価はその場の気分や個人の好き嫌いで決まると書きましたが、**気分や好き嫌いだからこそ、その評価は天気のようにコロコロ変わるし、嫌いなものが好きに変わったりするのです。**

実際、ある人と相性が悪いと思っていても、何かをきっかけにとても仲良くなることってありますよね？

そういう僕だって、自分が評価される立場で言うと、こと書道の世界においては全然評価されていないのです。若いし、経験も少ないし、ただ新しいことやって、テレビに出ているだけだ――と言う人もチラホラ。

でも、おかげさまで、僕には一般のファンの方がいらっしゃって、書道に興味のない人でも「武田双雲の名前は知っている」と言ってくださいます。僕はそれでかまわないんです。

だからあなたも、場所を変えるにしても変えないにしても、あなたらしくがんばってみてください。

他人の評価に振り回されて悩む人生なんて、もったいないですもんね。

傷つきやすい言葉は、悪いことばかりではない

「僕だって、批判をされたら、それはすごく気になりますよ」

自著のタイトルや講演で「ポジティブ」という言葉をよく使っているためか、こんな発言をすると意外に思われる方が多いようです。

世間の評判は、ものすごく気になります。

そもそも芸能界や芸術の世界は、「人気を得たい。世間に認められたい」と思って努力した人が活躍できるところです。そこで生きている人で、自分の評判が気にならない人はほとんどいないでしょう。インターネットで「エゴサーチ」（自分の名前を入力して評判を検索すること）をしている有名人は多いと思います。

しかも僕の場合は、他人に対して敏感すぎるタイプであるうえに、生き方として「三

方よし」をめざしているわけですから、批判に無関心でいられるわけがありません。常に他人の反応をチェックして、自分と相手と世間のチューニングを行っています。

ですから、正確に言えば、**批判はとても気にするけれどもネガティブには捉えない**、ということですね。

僕は理系出身なので、批判を受けたときには「化学実験」と同じように考えます。

まず事実の確認をします。「ああ、こんなふうに思われているのか……」とか「ここは明らかに誤解されている」とか、「批判の元ネタになっている報道記事が間違っている」といった具合に、どんなことを言われているのかを確認します。

次に、実験ではいろいろな薬品や物質を混ぜたり燃やしたりするように、批判に対してもいろいろな対応を試してみます。そして、そこから得られた結果について、「ああ、このやり方では反応しない。違ったんだ。ならば次の方法を試してみよう」と冷静に考察するわけです。

そこには、ポジティブもネガティブもありません。

ちなみに、僕の分析は細かいですよ。例えば、日々ブログに書く言葉なども、僕は感覚的には「ミリ単位」で表現の強弱を書き分けています。化学実験のたとえに合わせるなら、「ミリグラム（1000分の1グラム）」とか「マイクログラム（100万分の1グラム）」です。

ほんのちょっとした濃度の違いで結果が大きく変わってしまう。つまり、表現の微妙な違いが、敏感な相手（読者）を傷つけてしまうかもしれないからです。

もちろん、僕だって攻撃的な批判を受ければ、一瞬は嫌な気持ちになります。

誰かにいきなり殴《なぐ》られたり、体をつねられたりしたら痛いと感じるのと一緒で、その瞬間は必ず反応してしまいます。これは生理反応ですからね。

強い言葉は、時として凶器にもなります。ネットに書かれた悪口が心に刺さってケガをするときもあります。僕はそんなとき、すぐに書道教室の生徒さんや知り合いみんなに見せて、「この人どういう人だと思う？」とか「こんなこと言われたけどどう思う？」と聞いて意見を集めます。

みんなに慰《なぐさ》めてもらう目的もありますが、僕はむしろ自分が傷ついた原因（傷ついたと思った要因）にとても興味があるのです。ポジティブとかネガティブではなく、あくまで好奇心と探究心です。

例えば、がりがりに痩《や》せている人が「太っている」と言われても怒りません。**もし「バカ」と言われて腹が立ったとしたら、それは自分自身をそう解釈している部分がある（コンプレックスを持っている）ということです。**

逆に、「優秀で生真面目すぎるので、いい意味で「バカになりたい」」と思っている人」が、「あいつは本当にバカだな」と言われたら、「ありがとうございます」と喜ぶでしょう。

だから、**他人からの批判は、悪いことばかりではありません。自分が今何を気にしていて、その課題をどう克服し、消化していけばいいのかを考えるきっかけになります。**

その意味でも、批判は貴重なリトマス試験紙と言えるのです。

相手をほめるより、感動を伝えるほうがいい

僕は書道教室で生徒さんをほめません。

その言葉を意外に思った方からは、よくこんなふうに聞かれます。

「生徒さんをほめないのなら、教室ではどんなふうに指導されているのですか?」

もちろん、まったくほめていないことはないと思います。ただ、**僕は生徒さんの作品やがんばりを見ると、その場で感動してしまうのです。**「おお、すごい。どうやって書いたんですか?」とか「うわ、これいい線ですね〜」と素直に表現してしまうので、その気持ちは生徒さんにも伝わっていることでしょう。

でもそれは、〝他の誰か〟や〝その人の過去の実績や行動〟と比べてほめているのではなく、個人的に感心・感動しているだけです。

僕がそうしているのは、両親の影響でしょう。

思い返してみると、僕は子どもの頃に親から〝比較評価〟されたことがありません。学校のテストがよかったときも、親は「前回より点数が上がってよかったね」とか、「誰々より偏差値が高いね」というほめ方はしないのです。

僕の両親は、僕が何か思いついたことを話したときなどに、「おまえ、よくそんなことを思いついたなあ」とか「目の付け所がいいなあ」と、〝その瞬間の感動〟を伝えてきます。だから、子どもの頃は大いに助かりました。僕は敏感体質ではありますが、今こうやって敏感を克服するための本を書くことができているのは、そんな両親のおかげです。つまり、**敏感な人は感動上手**だと思います。

そもそも、ほめ言葉は伝え方が難しいのです。自分はほめたつもりでも、相手にはそう受け取ってもらえないことも多い。何かと比べたり、たとえて評価するときにはなおさらです。比べることで、別の誰かを傷つけるかもしれないし、何気なく例示したものが不適切なこともあります。

僕の知人にこんな人がいます。同僚の女性に対して、美しさをほめるつもりで「○○（有名芸能人）に似ているね」と言ったら、あからさまにムッとされて、その後、ギクシャクしてしまったというのです。

相手は、そのタレントさんのことを美人と思っていなかったわけですね。だいたい「○○に似ている」は上手くいきません。いくら美人でもダメなケースが多い。

さきほどの知人は、その失敗の理由を、「美人の定義が人それぞれ違うし、『○○に似ている』と言ったときには、その○○より〝上〟に評価していることはないので、微妙な空気になるんでしょうね」と反省していましたが……。

もちろん、何かと比較して相手をほめるのも悪いことではないと思います（特に本人の過去と比べる場合などはそうかもしれません）。

でも、**ほめられる側の人がいつも嬉しいと思うかは疑問です。その人のことを昔から知っているとか、これまでの事情がわかっているときではない限り、多くの場合は、微妙に見当外れのほめ言葉になるような気がします。**

それに、〝評価〟を考えてほめることに囚《とら》われると、めんどうくさいでしょう？　なぜなら、適切なほめ言葉を考えなければいけない手間もありますが、それ以上に、相手を評価することで無駄な〝気持ちのアラ〟が生まれ、人間関係の不安定さが増すことにもなりかねません。

だから、人間関係に敏感な人、思い遣りのある人ほど、目の前の相手をほめることにも慎重になってしまうのだと思います。

僕は、評価をせずに、その瞬間の自分の感動を素直に伝えたい。それがお互いにとってよいと思っています。

ただし、伝えるのは熱があるうちがよいでしょう。時間が経てば経つほど素直な感動ではなく、考えた評価になってしまうし、相手にもそう受け取られてしまいます。

あなたが他人のほめ方に気を遣いすぎているのなら、**頭で考えずに「感動メガネ」で相手を見るようにしてみてください。**そして、その感動を素直に表現してみましょう。きっとコミュニケーションが楽になるはずです。

辛い出来事をユーモアで乗り切る

次は**「面白メガネ」**の話です。

サラリーマン時代、僕は同僚のグチを集めるのが趣味でした。

学生の頃は、友人の口からグチらしいグチを聞いたことがなかったのですが、サラリーマンになったら、職場にはグチがあふれていた。僕にはそれがとても新鮮で、よい悪いとは別の観点から強い興味を持ったのです。

そこで、暇《ひま》さえあればグチの宝庫である「喫煙部屋」に――、それも自分の部署だけではなく、いろいろな部署のタバコ部屋に顔を出してインタビューしていました。

グチというのは、本当に多様です。「俺はこんなにがんばっているのに……」という会社や上司へのグチ、「どうしてそんなこともできないのか?」という部下へのグチ、

「奥さんや子どもとギクシャクしている」という家族へのグチ、あるいは、「世の中が何かおかしい」という正義感から出るグチなど、内容は人それぞれです。

ひとつ共通しているのは、グチが長いこと。みんな、腹の底にずいぶんと澱《おり》が溜まっているのでしょう。ぐちぐちぐちぐちとタバコ休憩の間ずっと話しているのです。

同期のグチならともかく、上司や先輩のグチなど普通は聞きたくないと思いますが、**僕は、彼らのグチを聞き続けたことで、人間を理解する力を養い、自分自身の深掘りができたのです。**

というのも、グチは、弱い人や後ろ向きな人だから出るわけではなく、どちらかというと、「よくしたいのにできない」といった前向きな心があるから出るわけです。何かをあきらめたら、むしろグチは出ません。僕は、彼らのグチを聞くことで、その人の向上心とか、負けたくない気持ちとか、正義感とか、志《こころざし》などを垣間《かいま》見ることができました。

それでも、みなさんは、他人のグチを聞き続けるなんて考えられないと思われるか

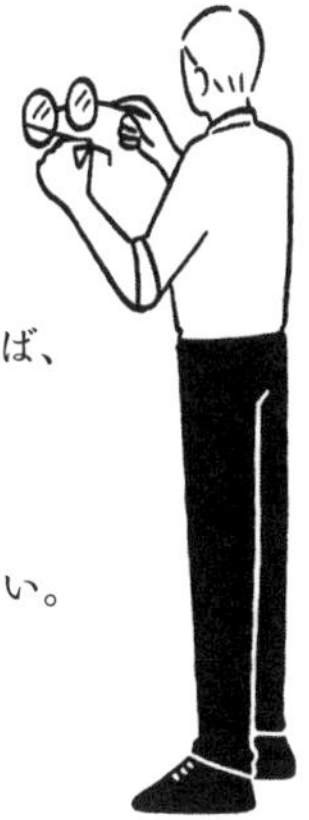

「面白メガネ」があれば、
辛い出来事や
嫌な人間関係も
ユーモアや個性で
乗り切れるかもしれない。

もしれません。でも、**僕はそのときに「面白メガネ」をかけていたのです。**

これは便利なツールです。

いいも悪いもなく、「面白い」というフィルターで見えるメガネをかけたら、何事も面白く見えてきます。嫌な人や、感じの悪いサービスも、ひとつの「個性」として捉えることができるようになります。

上司に度を超えた嫌みを言われたとか、乗っていた電車が遅延して大事な仕事に遅れたとか、買い物をしていて不愉快な接客をされたといったような場合――。

そこで腹を立ててずっと文句を言っているよ

りも、「こんなひどい目に遭《あ》った」という体験を親しい友人と共有するようにしたら、とたんに楽しくなるでしょう？　嫌なことがあると、むしろ「これで報告できる」と嬉しくなります。

そこそこひどい目に遭ったときなど、「こんな中途半端な話じゃダメだな」なんて残念に思うかもしれません。

僕は芸人さんの友だちが多いのですが、彼らの「面白メガネ」はすごいです。世の中のことを常に面白く見る癖をつけているのです。ネガティブとかポジティブといったことを超えて、何でもトークや漫才のネタにしてしまいます。それも、「面白メガネ」をかけているからです。

もちろん、すべてがユーモアで乗り切れるとは言いませんが、「面白メガネ」は、人生を楽しく生きるための必須アイテムになります。

上下関係を決めているのは、あなたの心

決して媚《こ》びているつもりはなくても、「よく思われたい」とか「嫌われたくない」という気持ちが強くて、他人に振り回されてしまうことがあります。

同僚や友人、ビジネスパートナーとの関係もそうですし、恋愛や婚活《こんかつ》、採用面接などでもそうかもしれません。

相手に合わせすぎて自分のよさが発揮できなかったり、いつも自分の気持ちを抑えていたり、こちらが謙《へりくだ》りすぎるために自然と上下関係ができてしまったり——。誰でも多かれ少なかれそういう経験はあります。

そんなとき、**他人の感情に敏感すぎる人に思い出していただきたいのは、「相手との上下関係をつくってしまうのは自分の気持ちである」ということです。**

さきほど、僕がいろいろなコンクールの審査員をしていると書きましたが、そこに集まる作品を審査していると、そのことがよくわかります。

例えば、応募作の中には、やたらと下手《したて》に出ていると思える作品があります。その賞の傾向と対策を分析しているというよりも、「どうか僕を合格させてください」とか、「なんとか合格したいんです」「よろしくお願いします」みたいな媚びた雰囲気の漂う作品です。

こういったものは、逆に評価されないのです。

審査員もそれは見ればわかりますから、必要以上に「まだまだ甘い」的な辛口評価をしてしまいます。そんなキャラではない僕でさえ、上から目線になってしまうほどです。

しかしその反対に、大賞を獲《と》るような作品は、作者の思いの丈《たけ》をどーんとぶつけてきた、ただただ感動を与える作品だったりします。上からでもなく、下からでもなく、同じ目線で、堂々と自分らしさを表現した作品です。

相手を敬うという
尊い優しさも、
下手《したて》に謙《へりくだ》れば、
いつのまにか
上下関係を
つくってしまう。

そもそも作品や作家に上も下もないはずなのです。**相手を敬《うやま》うのは大事ですが、自分が勝手にそう思うから、上下関係ができてしまうのです。**

僕も、1人の作家として作品をつくるときの姿勢は同じです。もちろん、ほめられれば嬉しいですが、業界の評価は意識しませんし、そのために書道をしているわけでもありません。

それに、「誰か特定の他人に認められるようにがんばる」という状態は、大げさにいえば、「相手の軍門に降《くだ》る」ということです。悪くいえば、相手からコントロールされている状態なのです。

相手の評価は天気のように変わるのに、それ

に振り回されて生きることを選び、「それでもほめられたい」と願うならそれもいいでしょう。でも、少なくとも僕は、相手の権威や上下関係に囚われたくはありません。

人間は、他人からの評価から逃げることはできませんが、評価に合わせていく人生は辛いし、認められるために生きる人生はもったいないと思います。

「自信」という字は「自分を信じる」と書きますよね。

自分に自信を持ちましょう。

根拠がなくてもいいので、自信を持ちましょう。

そんなあなたを評価してくれる人は必ずどこかにいます。

劣等感を覚えたときこそ、広い視野で考える

人は何か基準やルールを決め、お互いの差を比べては、ごくごく小さい単位で、どっちが上だの下だの、あの人はすごいだのダメだのと、言い合っています。

学校の成績もそうですし、スポーツや容姿や勤め先や職階《しょっかい》や収入などもそうですね。

平均値がどうの、勝ち組がどうのと、**人間は、自分と他人とを比べないと幸せを確認できない宿命を負っているのかもしれません。**

先日、インターネットで「タワーマンションの高層階に住んでいると鼻高々だけれど、低層階に住んでいるとエレベーターに乗り合わせたときに肩身が狭い」という記事を読んだときには、ただただ不思議でした。

その高級マンションに住んでいる時点で、他の人たちから見れば、十分裕福な人た

ちじゃないですか？

そうやって自分で勝手に劣等感をつくり出して悩んでいるような話は、世の中にたくさんあるんでしょうね。

僕は、人やモノの価値を「上下」という発想で見ることが嫌いです。そもそも、絶対的にすごい人なんていません。

僕はこれまで経済界や政界、芸能界、スポーツ界などの「世間ではすごいと言われている人」にたくさん会ってきましたが、絶対的にすごい人なんていませんでした。必ず得意なことと不得意なことがあり、他人から見ればどうでもいいことで悩んでいます。業績や人柄はとても尊敬していますが、いたって普通の人たちなのです。

もし誰かと比べて劣等感に苛《さいな》まれそうになったら、比較する〝ものさし〟を変えてみましょう。気持ちがとても楽になります。

みんな、評価のものさしを固定して考えすぎなのです。

陸上競技界で最速のウサイン・ボルトだって、チーターよりは絶対的に遅いし、動物界で見れば「のろまな奴」と言われてしまいます。

また、1年間の浪人や留年や留学などは、人生の長さで見たら、大した回り道でもありません。

このように、いろんなものさしを持っていましょう。

狭い比較、細かい比較だからキツいのです。

世間がそういう比較をしてくるなら、せめて自分は違うものさしを使いましょう。

相手の第一印象に戸惑っても、第二、第三の印象を楽しみに待つ

メガネといえば、先入観という「色めがね」があります。

初対面の相手と話すときに、人は事前にわかっている情報（勤め先や学歴や年齢などのプロフィールや、仕事の実績など）で、まず相手のことを判断します。

例えば、大学の偉い教授だと聞かされていれば、相手が何を話しても必要以上にありがたみを感じたり、すべてを鵜呑みにしてしまうかもしれません。

逆に、誰かに「あの人はあまり信用できない」などと忠告されていたら、いくら素晴らしいことを話していても、眉唾《まゆつば》に受け取ってしまうでしょう。

情報に影響されない人間はいませんから、それは仕方ありません。

僕だって最初はそうした色めがねで見てしまうと思うし、また、実際に会ったとき

の第一印象にも左右されてしまうと思います。

ただし、そのときの判断をすべては信じません。一応ジャッジはするけれども、それ以上の評価も批判もしない。あくまで「留保」という形をとります。

なぜなら、自分のジャッジは質量ともに少ない「第一次情報」を元にしているからです。普通は、その後に、二次情報、三次情報、四次、五次、六次情報が入ってくるわけですから、最初の情報は受け取りますが、それだけで決めつけることはしないということです。

僕は妻に対してさえ未《いま》だに新しい発見があります。知らなかった側面を見つけることもあるし、何より妻自身も年齢とともに変化しています。**人間は10年も経てば、性格は変わらなくても価値観は変わります。**人間的に成長もしているでしょう。

弟もそうです。僕には弟が2人いますが、弟たちを尊敬する部分が年々増えています。「おまえ、そんなにすごいところを持ってたんだな」と。

変わり続けているのは僕も同じで、昔は許せなかったことが許せるようになったり、頑固だったのが頑固ではなくなったり、気が短かったのががまん強くなったり……。20年前の僕のままで今の僕を評価されたら、「ちょっと待って」ということになる。

身内や自分でさえ変化しているのだから、他人について、少ない情報で決めつけることはしないように心がけています。

書道教室には、10年以上通ってくれている生徒さんもたくさんいますが、その人たちと日々接していると、10年目にして、「あ、この人はそんな性格だったんだな」「こんな面もあるんだな」と感じることがしょっちゅうです。

とても強そうな人が弱さを見せてきたり、弱そうな人が突然強みを出してきたり、ポジティブになったりネガティブになったり……。本当に人間って不思議というか、自分の知らない面があると思います。

だから、僕が人間を好きでいられるのは、一次情報を「面白い」と思ってしまうからであり、その後の二次、三次、四次情報の発見を楽しみにしているからです。

仕事の最初の顔合わせのときに、相手の態度が悪かったとします。そんなことは滅

人は誰しも「色めがね」で
見てしまうもの。
だけど、相手の新たな一面を
楽しみに待つことも大切。

多にありませんが、こちらを舐《な》めきった言動をとられたときにも、僕はそれを面白いと思ってしまうのです。

だって、そうでしょう？　わざわざ仕事を依頼しに来たのに、なぜ相手にそんな態度をとってしまうのか不思議でなりません。そうするのには何か理由があるのだろうし、初対面では非常識な面を見せてしまったけれど、まだ僕が知らない素晴らしい面があるかもしれません。そう考えると、次の二次情報が楽しみで仕方がありません。

そもそもひとつのリアクションでは、その人の真意を測ることはできません。たまたま調子の悪いときや機嫌の悪いときもあるでしょうし、逆に、ニコニコとして感じがよかったけれど実は相手に気を遣ってお世辞を言っていただけかもしれません。

僕は、個展や講演会やテレビなど、人前に出る仕事をしていますから、相手のリアクションに惑わされない癖が身に付いています。

例えば、僕に「わあ、大ファンなんです。感激です」と言ってくださった人が個展で何も買ってくれなかったり(笑)、逆に、仏頂面《ぶっちょうづら》で作品をご覧になっていた人が買ってくださったりすることはよくあります。

講演会でも、僕は客席の様子をよく見ているのですが、終始つまらなそうに聞いていた男性のお客さんにショックを受けていたところ、終了後のサイン会で「感動しました」とその男性に握手を求められたこともありました。

二次情報を楽しみしていると、そういうことすべてが面白い話になるのです。

プロは性能のいい「敏感メガネ」を持っている

当たり前ですが、その道のプロフェッショナルとアマチュアとでは、見えている世界が違います。アマが裸眼《らがん》でものを見ているときに、プロは虫メガネや顕微鏡で観察することができます。というか、見えてしまいます。

その意味でプロは、とても敏感なメガネをかけているようなものです。

書道の話をすると、僕は生徒さんの作品を一目見れば、筆の1本1本の動きや、墨の色や滲み具合まで全部見えてしまいます。

作品だけではありません。いつも接しているから、今日は背中に力が入っているとか、集中力が途切れていることもわかります。

他の分野の専門家もそうでしょう。

プロの作家や編集者は、普通の人よりも細かく、深いレベルで文章を読んでいるでしょうし、デザイナーや設計者が作品を見るときもそうです。プロしか見えない世界で観察しているはずです。

そうした他人のことが見えすぎてしまうことで、「心の底から作品を楽しめない」と話す専門家もいます。北野武《きたのたけし》さんと共演したときに、「一般のお客さんのように、映画を見られなくなっちゃった」と発言されていましたが、もちろん僕にもそういう部分はあります。うがった目（本質を掘り下げて見る）で他人の作品を見てしまうのは、職業病として仕方ありません。

しかし、それでも僕は、よく見えることがつまらないことだとは思いません。

なぜなら、**よく見えるということは、他人のアラも見えてしまいますが、逆に、相手の素晴らしいところ、すごいところも、普通の人以上に見えるということだからです。これはとても豊かで幸せなことです。**

よく見える能力は、僕の人生にとっては性能のいい「敏感メガネ」なのです。

少なくとも、僕は批判や怒りや自責の念といったことを手放しているので、他人の作品を批判しようとは思いませんし、生徒さんに説教することもしません。

反対に、素晴らしい作品を見て、自責の念や自己嫌悪に囚われたりすることもありません。純粋に感動し、純粋に驚きます。

このことは、何かのプロでなくてもあてはまることですよね。

一般の人の場合でも、センスや教養の高い人はたくさんいますし、自分の得意分野なら他人の服装や作品や料理などが「よく見えてしまう」ことはあると思います。

もっといえば、**敏感な人は、相手の立ち振る舞いから、その性格や背景などが普通の人よりもよく見えていることでしょう。**

そのときに大事なのは、「自分は性能のいい『敏感メガネ』を持っている」ということに感謝して、敏感と「幸せ」を結びつけて考えることです。そして、見えている事実（相手）に敬意を払い、もし悪いと感じる部分が見えても、自分の価値観でジャッジしないことです。

これはもう少し説明が必要なのですが、長年指導する立場にいると、生徒さんの作品の欠点や、やる気のなさ、いい加減さみたいなことが、本当に細かい部分までよく見えるようになります。

でも、僕はそこでイライラしません。**相手の悪い部分が見えても、そこに感情をリンクさせません。**ジャッジをしないのです。

というのも、そこで**イライラしてしまうのは、「これが正しい」とか「○○しなければならない」とか「相手にはこうなってほしい」といった自分の価値観、上から相手を見た評価があるからです。**

そこを捨て去らないと、「なんでそういうふうに書けないの?」「もうちょっとちゃんとしなよ」とか、「あれだけ言ったじゃないの」と、永遠に相手を注意(批判)しなければならなくなります。これはお互い辛いし、不幸ですよね。

繰り返しますが、**「敏感メガネ」を持っているのは素晴らしい。**ただし、見えるものに対して敬意を払い、自分の価値観からうかつな評価を下さないようにしましょう。

敏感さは、危険や不安を回避する道具になる

以前、僕は、極度の飛行機恐怖症でした。

これも敏感に考えすぎる性格だったからでしょう。どうしても飛行機に乗らなければいけないときには、もう不安でいっぱいです。1週間前くらいから「事故に遭ったときに、どのあたりの座席が一番助かりやすいのだろう？」とか「一番安全な航空会社はどこだろう？」「会社の経営に問題があるけど、きちんと整備してくれているのかな？」などと、あれこれ妄想して寝られなくなるのです。

飛行機恐怖症になったきっかけは、高校のときに家族で行ったグアム旅行の際に、飛行機がエアポケットに落ちて、機内で悲鳴が上がったことでした。それ自体は大した揺れではなかったのに、帰国してから学校で「翼《つばさ》が折れるかと思ったよ」などと大げ

さに伝えているうちに、自分自身が本当に怖くなってしまいました。自分で恐怖心を煽《あお》ってしまったわけです。

飛行機を思い浮かべるだけで緊張し、イライラして怒りっぽくなる。そんな状態になってしまうので、一時期、飛行機には乗らないと決めていた期間もありました。

それを克服できたのは、「自分にとって正しい情報を集めたから」です。

ここで「自分にとって正しい情報」と書いたのは、自分の専門分野でもない限り、何が正しい情報かの判断が難しいからです。

不安な気持ちで情報を集めると、インターネットの検索画面に【飛行機　不安　危険】と打ち込んでいるようなもので、飛行機がいかに危ないかという情報がどんどん集まってくる。ますます不安になる。情報を探す。もっと不安になる――という負のループにはまっていくのです。

もっといえば、ある航空会社で不祥事があったとか、空港で見かけた職員が気《け》だるそうだったとか、事務部門の社員が懲戒免職になった話すら、「安全性は大丈夫なのか？」みたいな不安に結びつけてしまい、もうキリがありません。

そんな僕が救われたのは、書店で偶然見かけた『飛行機が苦手なあなたに―飛行恐怖症を克服する本』（バニー・タキザワ著、ユニフレックスマーケティング出版部）という本との出合いでした。

その本には、飛行機が飛ぶ仕組みや、この世で一番安全な場所が飛行機であることの確率的証明や、揺れることと墜落することとは関係ないことや、フライト前日と当日の過ごし方――といった、まさに僕が欲しかった情報が書かれていたのです。

そうした情報を自分の中に入れてみると、僕は安全性や利便性の評価を、だんだん冷静に考えられるようになりました。飛行機が嫌でクルマを運転して関西まで出かけていましたが、そちらの方が何百倍も事故に遭う確率が高いことも納得できるようになりました。

【飛行機　不安　危険】だった検索ワードが、【飛行機　安全　快適】に変わり始めたのです。

結局、それでも飛行機恐怖症を完全に乗り越えるには5年ほどかかりました。少しずつ、少しずつ、回数を重ねていくことで前日に眠れるようになったり、飛行機に乗りたい気持ちも出てくるようになりました。

やはり、恐怖心はいきなり消えないし、鈍感にはなりません。でも、ゆっくり、焦らず、時間をかけることで克服できました。

不思議なことに、恐怖心がほぼ薄れてきたら、いつも利用している航空会社のことも好きになってきました。そして、搭乗することにワクワクする感覚が出てきたら、北海道や沖縄、海外の仕事がどんどん舞い込むようになったのです。

僕がこの一連のドタバタを振り返ってみて思うのは、他人より敏感で気にしすぎの面はあるにしても、「それでもやはり敏感であることは悪くない」ということです。

敏感な人は、危険に敏感なので、リスクマネジメントができます。自分を納得させるために徹底して情報を集めます。その結果、知識も増えるし、弱みを克服することで人生の楽しみも増えていくのですから。

第4章
他人の機嫌に振り回されすぎない

自分の機嫌は自分で決めていい

僕のシンプルな方針として、「自分の機嫌は自分で決める」ということがあります。つまり、周りに不機嫌な人がいても、自分は自分。他人の負の感情に巻き込まれないぞ——と決めているのです。

既婚の方なら多かれ少なかれ心当たりがあると思いますが、パートナーが突然怒り出して、でも自分ではその理由がわからなくて……ということがありますよね。

あるいは、会社の上司がなぜかイライラしていて、こちらにもそのとばっちりがくることもあります。

そんなときに、僕は事態をどうにかしようと思いません。いったんは相手のネガティブを受け入れますが、でも、断固として巻き込まれません。「そりゃ、そういうときもあるよね」と内心で処理して放っておきます。

僕がそう考えるようになったのは、父の仕事がきっかけです。

父は競輪の予想新聞を発行しています。だからレースの勝ち負け、車券の当たり外れによって父の機嫌が全然違うのです。

しかも、うちの両親は夫婦げんかも派手でしたから、家庭の中の「天気」が、晴天から雷雨までコロコロ変わります。両親の機嫌に振り回されていたら落ち着いて生きていけないのです。

私はそんな環境に育ったので、自分は自分、他人は他人、自分の機嫌は自分で決める――と、当たり前に割り切るようになっていきました。

とはいえ、僕も人間ですから、今でも油断するとすぐにネガティブになるし、他人の機嫌を窺《うかが》って振り回されてしまいます。心配性なところもあるし、人の顔色を窺ってすぐに迎合《げいごう》してしまいます。本音や「NO」を言えなくて後悔することもあります。

僕は、明るく見えても、天然のポジティブではありません。書道家として自分自身

や作品が世間にさらされるなかで、敏感すぎると生きていけません。だから自分であえて鈍感にしているのです。

だからこそ、敏感すぎて生きづらいあなたにも「大丈夫」と伝えたいのです。**気長に練習すれば、あなたも敏感力と鈍感力を使い分けられるようになります。**

その練習方法をご紹介しましょう。

他人の機嫌に巻き込まれないために僕がよく実行しているのは「マインドセット」です。

マインドセットとは、スポーツ選手などが自分の思考パターンや心構え、感情などを日々セット（強固にする。整える。変える等）していくことです。

例えば、毎朝出かける前に「よーし、今日も楽しむぞ～～」と口に出してみます。あるいは、天気が晴れたら「やった」、逆に、雨が降っても「雨が大好きだ」と喜ぶのです。

周りの機嫌に
振り回されていたら、
生きづらさを感じずには
いられない。
自分は自分。
断固として
巻き込まれない。

こうすれば、休日明けに雨が降っていて、周りの人たちが「あーあ……」なんて嘆《なげ》いていても巻き込まれません。

僕の名前には「雲」がついていますし、小さい頃から雨がとても好きなのですが、周りの大人たちは雨模様だと渋い顔をします。天気予報のお姉さんまで「生憎《あいにく》の雨です」と僕の好きな雨に対して「憎い」という漢字を使うのです。不思議ですよね。

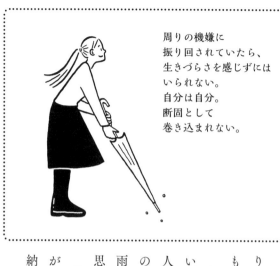

僕は、夜寝るときにはどうもテンションが下がってしまうので、「眠る＝感謝」ということで納得させていたのです。

しかし、うちのスタッフの女性たちに聞くと、

「寝るときが最高。雲の中にいるみたいで幸せ～」と言うのです。

へえ、そんな捉え方があったんだなと思って真似《まね》をしていたら、僕も布団に包《くる》まるのが楽しくなってしまいました。

そもそも、「○○は嫌だ」というのは、赤ちゃんのときから嫌いだったわけではなく、家族の影響や過去の体験によって、「苦手」「嫌」という解釈が加わったにすぎません。

マインドセットをすれば解釈が変わります。嫌だと刷《す》り込まれていたものも楽しくなります。雨も楽しくなるのです。少なくとも、他人のマイナス感情に巻き込まれにくくなりますので、ぜひお試しください。

他人の心は「樹海」。踏み込みすぎると道に迷う

人間関係の悩みの多くは、無用なことを考えすぎることにあります。

「あの人、本当は何を考えているんだろう?」とか、「あの人、本当は怒っているんじゃないだろうか?」「本当に喜んでくれているのかな?」などと、他人の心を読もうとして振り回されているのです。

世の中に「人の心の読み方」の類《たぐい》の心理学情報があふれているのも、それが理由でしょう。

僕が思うに、**相手の立場に立とうとすることは大事ですが、「本当は?」「本音は?」「裏では?」などと、他人の心の中をいくら探り続けても意味がありません。**

なぜなら、**人間の心は「樹海」**だからです。

樹海というのは、深い森のこと。うかつに踏み込んだら自力では出てこられない。僕は、人の心も同じだと思っています。本音や裏を探ると遭難します。

1人の人間にはさまざまな面があるし、そのときどきの心境をひとつの感情で明確に説明することなどできません。そのことは自分を例に考えれば、よくわかるでしょう。

例えば、あなたの親友がフェイスブックなどのSNS（ソーシャル・ネットワーキング・サービス）に、「就職が決まった」「資格試験に合格した」「海外旅行に行った」といった楽しそうな写真をアップしていたとします。

それを見たときの自分の気持ちを一言で表現しろと言われても、なかなか難しいはずです。友だちとして素直に祝福する気持ちもあれば、嫉妬心《しっとしん》もある。もしかしたら、「自慢するような話？」と侮《あなど》る気持ちもあるかもしれないし、悔しすぎて憎悪《ぞうお》に近い感情も起こっているかもしれません。

そのときに自分がどんな境遇にあり、また、その瞬間にどんな機嫌だったかによっても受け取り方は変わります。トータルすると「いいね！」ということになるのでしょうが、どの感情も本音といえば本音です。

だからといって、「これ見よがしに自慢なんかして腹立たしい」という感情を、あなたの本音として認めるとなると、「いやそれは違う」となりますよね。

人間は複雑ですから、何が本音かなんて、そのときにならないと自分でもわかりません。何も実体のない、ふわふわ、ぐちゃぐちゃした他人の感情について、「あの人の本当の気持ちは……」「連絡したのになぜ返事がこないのだろう？」「なぜ今日は表情が曇っていたのだろう？」などと考え出したらキリがないし、気に病《や》んでいても意味がないのです。

しかも、**人間の感情なんて1秒もあれば変わります。人間は周りのことに影響されやすいので、同じところに留《とど》まっていません。**

例えば、あなたが、昼間に出会った人の態度について怒っていたとします。面と向かって悪口にも近い批判をされた――など、その原因は何でもいいのですが、あなたはその瞬間はひどく立腹しました。

でも、その後もずっと同じ感情かというとそんなことはないはずです。お腹《なか》が空《す》いた。食事が美味しかった。雨に降られて慌てた。仕事で成果を上げて達成感を味わった。悲しいニュースを見て涙した。お笑い番組を見て腹を抱えて笑った。ペットの可愛《かわい》さに癒《いや》された。家族と楽しく会話した。のんびりお風呂に入って寛《くつろ》いだ——。

どんどん変わっていきます。

僕たちは、目の前の出来事に常に影響され、心が動いているのです。自分の心でさえこれだけ動いているのに、相手の心を読もうとしても意味がないでしょう?

友人の秋元康《あきもとやすし》さんは、以前、こんな趣旨の話をしていました。

「他人の批判をいつも気にしていることほどバカらしいことはない。批判した人はその瞬間は批判しているけれど、次の瞬間にはそのことを忘れて美味しいものを食べに行ったりしているのだから」

他人の心の中を
「裏か表か」だけで
決めつけるより、
いろいろな面に
目を向けてみる。

僕もまったく同感です。

「いい人だと思っていたのに裏切られた。あんな人だとは思わなかった」とか、「あの人はどうもよくわからない」と話す人がいますが、僕はこんな相談を受けたときには、次のような話をします。

「いえいえ、人間には裏表どころか１００面くらいありますよ」

人間の心は「裏か表か」で推《お》し測れるほど単純ではないし、何度も書いているように、24時間３６５日同じ考えではありません。さいころのようにコロコロと変わります。したたかなときもあるし、弱いときもある。計算高いときもあるし、純粋なときもある。意地の悪いときも、親切なときもある。利己的なときもあるし、利他的なときもあります。

その日の体調や機嫌によっても、こちらが受ける印象は変わりますが、どれもすべて本人です。

だったら、他人のことなどわかるわけがない――。こんなふうに開きなおって他人をいろいろな方向から見てください。

疑念を持って相手のひとつの面だけを見続けることをやめたら、人生が楽になります。今まで気づかなかったいい面を発見するかもしれません。

ひとつの居場所に依存しなくてもいい

所属している組織（グループ）になじめない。どこにも居場所がない感じがする——。こんな孤独感で悩む人もいます。

その一方で、仲間意識の強い、絆《きずな》とか友情がベースになっている組織がとても苦手で、あえて1人を好む人もいます。

この違いはどこにあるのかを考えると、精神的な面と経済的な面が、組織への依存に影響しているのではないかと思います。

僕は、基本的にどこのコミュニティにも入りません。

テレビには出ますが、自分が「芸能界」に棲《す》んでいるとも思わないし、「出版界」もそうです。本業である「書道界」ですらそうなのです。

どの世界にも依存していませんから、極端なことをいえば、いつ切られてもいいと思っています。

だから、関係者に対して無理に迎合して発言や生き方を曲げることはないし、どの業界にも一定の距離感を持って付き合っていることで、かえってお互いによい関係を保つことができています。

思い返すと、僕は小学校のときもそうでした。どこのコミュニティにも、どのグループにも入っていませんでした。

それでも、**中学時代に仲間外れにされて落ち込んだことはありました。その当時、僕が孤独を感じて落ち込んだのは、学校にしか居場所がないと思っていたから。**しかし、その後、グループ内で内輪《うちわ》もめしている様子を見て、「自分は孤立していてよかった」と思ったぐらいです。

今の僕には、たくさんの世界があります。そして、どこのコミュニティとも深くどっぷりと付き合わないでいると、とても楽です。余計なゴタゴタにも巻き込まれませんし、迎合して消耗《しょうもう》することもありません。いつも一緒にいるわけではないので、何かに誘われなかったとしても気になりません。

逆に、自分がその世界に執着《しゅうちゃく》して、相手をコントロールしたくなることもないのです。

居心地の悪いコミュニティ、あるいは、自分が大好きすぎるコミュニティに留まってがんばってしまうことが、むしろ（コミュニティ内での）孤立につながっていくような気がします。

だから、あなたが、どこかのコミュニティにいることに無理を感じているなら、そこからスッパリ抜けてみる、あるいは、巻き込まれないように距離をとるのもひとつの手です。

昔と違って、今の世の中、コミュニティは無限にあります。ネット上にもあるし、人々の価値観や趣味の世界はものすごく細分化されています。

仕事も住まいもそうです。ヘンな話、村八分《むらはちぶ》になったとしても生きていけない時代ではありません。「夫（妻）はこういうものだ」とか、「長男はこうあるべし」だとか、「就職したらそこに骨を埋《うず》めろ」といった慣習もなくなってきています。

せっかくこういう時代になったのだから、ひとつのコミュニティにこだわるのではなく、**今より少しだけ軽く、ドライになって、いろいろなところに居場所をつくっていけばいいと思います。**

自分には選択の自由がある。いくらでもある。

そう考えたら、出口のないストレスも、人間関係の軋轢《あつれき》も、保身も、言い訳もなくなって、いろんなことが上手く回り出すと思います。

本当にコミュニティを抜けなくてもいいのです。**自分は自由なんだと思うことが重要で、そこに余裕と向上心と自信が生まれてくるのです。**

「逃げる」という選択は、ネガティブではない

「武田さんは、苦手な人っていないのですか？」

よく聞かれる質問ですが、もちろん、います。

僕はたいていの人と上手くやる自信がありますが、それでも、怒りっぽい人、すぐにキレる人は苦手です。怒られることが得意な人っていないですよね。

自分自身がいくら考え方を変えていても、その場でいきなり怒鳴られたり、強い感情をぶつけられたら、否応《いやおう》なく反射的に対応せざるを得ません。これは嫌です。

「苦手な人がいて悩んでいる」と相談されたときに僕がよく話すのは、「心の距離と物理的な距離をとりましょう」ということです。

物理的に離れる。逃げる。会う時間をとにかく減らす。「心の近さ」を期待しないと

いうことです。先ほどのコミュニティの話と同じです。

この距離の問題は面白くて、目の前で誰かがイライラしていたり、怒鳴《どな》り合いのケンカを始めたら、「落ち着かないなあ」「勘弁してくれよ、まったく」となって、心穏やかではいられないでしょう。

しかし、彼らがだいぶ離れた場所にいたとしたら、どうでしょう？　先ほどとは打って変わって、「あの人、イライラしてるなあ……」とか「あーあー、大人げないねえ」と、野次馬《やじうま》気分で見物できると思います。

サーキットを疾走《しっそう》する姿が格好いいレーシングカーも、自宅前の路地に入ってこられたら、あまりの騒音にクレームをつけること必至です。要は、距離感の問題なのです。

基本的に相手を変えることはできませんから、もし自分が平穏に過ごしたいなら、自分自身が変わるか、相手との心理的・物理的な距離をとるしかありません。

「職場の上司が苦手な場合はどうすればいいですか？　ストレスで病気になりそうな

のです」

これも多い質問です。

権力を持っている人に嫌われたときの怖さ、立場の難しさは、僕もさんざん経験しましたが、まさに人間関係の大きな悩みの種です。

ストレスで体調を崩すほど関係が悪化しているなら、まずネガティブな自分を受け入れることが大事だと思います。「あの上司は大嫌いだ」ということを認めます。「あいつがいなくなったらどれだけ楽になるか……」と、怒っている自分や納得しない自分を、いったん解放してあげるのが先なのです。

そうすると自分がホッとします。怒っている自分が落ち着きます。

その後に採り得る方法は大きく分けて2通り、細かく分けると3通りです。

大きく分けると、ひたすら向き合うか、ひたすら距離をとるか――になります。

うちの生徒さんで、苦手な上司と、ひたすら向き合った女性がいます。

あえて上司を飲みに誘い、仕事について熱く語り、ストレス性の蕁麻疹《じんましん》に悩まされつつも、根気よく自分の思いを伝えていったら、2年後には、嫌な奴だったはずの上司がヒーローのように自分の味方になってくれたそうです。

ただし、これはなかなかできません。このケースは彼女がすごかったのだと思いますし、結果的には、上司にも恵まれたといえます。

一方、ひたすら向き合わないなら、相手と距離をとって逃げるしかありません。会社を辞めるか、部署を替えてもらうしかない。

逃げるというとネガティブに聞こえますが、覚悟を持って逃げるのだからポジティブな選択です。森を歩いていて目の前にクマが現れたとき、逃げ出すことは弱虫でも卑怯《ひきょう》でもありません。とにかく無事でいることが第一です。

さらに、3つ目の戦略として、同じように上司から逃げるとしても、とことんしたたかにやっていくという手もあります。**とにかく、相手には「はい、わかりました」と大人の対応だけして、実はまったく聞かない。物理的な距離は近いけれど、精神的な距離をとるのです。**

苦手な相手から
「逃げる」という選択も
覚悟を持っていれば
ポジティブな判断である。

ちなみに、僕はこのタイプです。向き合うこともしますし、物理的に距離をとる方法も探りますが、それでもダメだったときには、精神的に距離をとります。

怒られても無邪気に「すいませ〜ん」と受け流していました。何か言われたら「ありがとうございま〜す」とか「すごいっすね〜」などと返して、逃げます。絶対に向き合いません。

もっとも、これができるかどうかは、その人の性格や相手との関係性にもよりますので、みなさんに勧めるわけではありません。

しかし、そういう方法もあるとわかるだけでも気持ちが楽になりませんか。

「私は」より「私たちは」と考える

孤立していて寂しい――という感覚の話ですが、僕は「高い人称で考えられる人」は孤立しにくいと思っています。

人称というのは主語を表す言葉で、「私」が一人称、「あなた」が二人称、「私たち・彼ら」が三人称です。学校の英語の授業でも習いましたよね。

小さな子どもは、自分のことしか考えていないから、「僕は」「私は」という主張しかありません。そして、年齢を重ねると少しずつ社会性が身に付いてきて、相手のことを考えられるようになります。

高い人称で考える人とは、ある物事を考える際に、「私は」だけではなく「あなたは」「私たちは」「彼らは」といったように、より広い視野で捉えられる人のことです。

「私は」「僕は」と一人称で物事を進めると孤立を生む。「私たちは」「僕たちは」と考えるだけで、人間関係もよくなる。

サラリーマンの場合、自分のことしか考えていないのが「一人称的思考」であり、目の前の相手のことまでしか考えていないのが「二人称的思考」、そして部署や会社全体、業界、国の利益まで考えられるのが「三人称的思考」です。

あまり広げすぎても現実感がなくなってしまいますが、僕は、いつもこんなふうに考える習慣をつけています。

僕にとっては、自分も大事、家族も大事、書道教室の生徒さんも先生もスタッフも大事です。そのご家族も大事ですし、書道界も出版界もマスコミ界の人たちも、人類も全部大事です。

だから、その人たちが幸せになるにはどうすればいいか？　と考えるのです。

逆に、「私は」という一人称思考しかできない人は、自分の近くに誰がいても、何人いても、どこまでいっても孤独でしょう。

また、人称の高い思考ができると、会社や業界など自分が所属する組織の、ローカルな論理に縛られることもありません。「日本が……」「世界が……」と考えていると、部署や会社の理屈に囚われなくなってきます。

あなたもこれを試してみると、かえって人間関係がよくなることに気づくと思います。

「鈍感スイッチ」をONにする

敏感すぎる人は、パーティや飲み会など人が集まる場所が苦手であることが多いです。いろいろな人に気を遣うから疲れますし、アウェーの場に行ってしまったときには、ひどい孤独感を味わうことになります。

そんな場で僕が心がけているのは、「何かしなきゃ……」という気持ちを捨ててしまうことです。それだけでも楽になります。

みんなの感情をチェックするのも大事ですが、あなたも時には他人に気を遣うのをやめて、自分が楽しむことに専念してみてはどうでしょう？

いわば「鈍感スイッチ」をパチッとONにして、ひたすら目の前の料理を味わったり、誰か話せる人を見つけて会話に夢中になる。あるいは、人間観察などをして、とにかく自分がその場を楽しむのです。

鈍感スイッチを自在にON・OFFできるようになると、とても楽ですよ。

僕も未だに、敏感と鈍感を一瞬で切り替える練習をしています。

例えば、僕を含めた3人が集まり、そのうちの2人が口論を始めたとします。昔だったら僕もその空気を察知して、なんとか解決するようにすぐに動きましたが、今は自分まで巻き込まれそうになると、その瞬間に鈍感スイッチをONにして、「ケンカしてもいいや、どうにでもなれ」という気持ちでいるようにしています。

また、テレビに出たときや講演会などでのことですが、大勢の前で話すときには、完《かん》璧《ぺき》主義をやめました。これも鈍感スイッチですね。

僕は、自分が傷つきやすいというよりは、「自分の言葉で誰かを傷つけたのではないか？」「自分がポジティブすぎることで、ネガティブな人に何かを強制することになってはいなかったか？」ということに、いつもビクビクしていました。

胆石症になったのも、それが原因ではないかと勝手に思っているのですが、「口は禍《わざわい》の元」みたいな恐怖で気持ちが重くなり、さまざまな仕事をするときに悪い影響が出ていました。

発言にはもちろん気をつけるけれども、気にすることをやめたのです。**全員が幸せになるとか、誰一人傷つけないで話すというのは絶対に無理です。**

100人に伝えたら1人は傷つくかもしれないけれども、1人は喜んでくれるかもしれない。本やブログの文章も含めて、大勢の前で何かを話すときには、そんなふうに割り切って話しています。

スイッチといえば、今はスマホやパソコンを、起きている間じゅうつけっぱなしにする人が大半ですが、時にはOFFにして、情報を遮断した方がいいと思います。自分がそれほど敏感でなくても、世の中がとても敏感になっていますから、よほど防御を意識していないと、不安や怒りなどの負の感情に巻き込まれてしまいます。

昭和の時代までは、実際に人の集まる場所へ行かなければ嫌な思いをすることは少なかったし、人間関係のトラブルの範囲も限定的でした。

しかし、ネット時代は、違います。ネットニュースと従来のメディアとSNSが連動して、頼みもしないのに外国の悲惨なニュースから、知人が誕生日パーティを開いている様子まで、敏感さを刺激するような情報を大量に流し込んできます。

逆に、仲間内でふざけていたようなバカな行動も、何かあると騒ぎが大きくなり、いつの間にか世界中に配信されて、大炎上してしまいます。そういう世界の中で生きていくためには、時にはメディアから遠ざかり、ネットを遮断することも必要です。

いわゆる「デジタル・デトックス」ですね。僕も実践しています。仕事柄、何日もOFFにすることはできませんが、新幹線の移動中とか、「この時間は他のことを全力で楽しもう」と思ったときには、積極的に電源を切っています。

ネットにつながっている時間を減らすだけで、心が楽になるのが実感できると思います。

イライラしている相手への声のかけ方

既婚者同士で話していると、「よくわからない理由でパートナーが突然怒り出して……」とこぼす人は、よくいます。

もちろん、これはどちらかが悪いわけではなく、見ている世界が男女で違うから起きている現象です。奥さんには奥さんの、旦那さんには旦那さんの理屈があって、徐々に怒りの感情が溜まり、導火線にも火が点《っ》いているのに、パートナーの目にはそれが見えていないのです。

男性は紙の上の二次元に生きていて、女性は空間の中の三次元に生きているとしましょう。

三次元の中の流れるような動きも、二次元の紙の上では、不規則に現れる「点」でしか認識できません。
それと同じで、お互いの心の動きにすべて気づくのは難しいので、パートナーには
こう頼むといいと思います。
「わかった。全部わからないけど、1個だけ指示をちょうだい。それだけは確実にや
るから」
つまり、**相手の希望を、見える形に具体化**するわけです。
「あなたが怒っている理由はいろいろあるかもしれないけど、本当には理解できてい
ないので、具体的に3つ（あるいは1つでもいいでしょう）だけ言ってほしい。それを1
カ月以内にできる限りやり尽くすから」
わからないことを考え続けるのではなく、具体的な行動に結びつけること。相手が
自分に望むことを3つに絞って明確にすること。
これは夫婦間だけでなく、上司と部下など、別の人間関係でも使えます。

第5章
その場の空気と上手に付き合う

敏感な人は「気・性・予報士」になればいい

これまで、「敏感な人はいろいろ大変だ」という話をしてきました。

では、逆に鈍感な人はどうなのでしょう？

彼らは、他人のことを気にしない（気づかない）ので、ある意味では幸せなのかもしれませんが、その代わり、会社の上司や先輩から「少しは空気を読め」「相手の気持ちを考えろ」などと注意されることになるでしょう。鈍感な（だけの）人が、社会で成功できるとは思えません。

その反対に、敏感すぎる人、センシティブな人は、読まなくてもいい微妙なレベルの空気を読んでしまいます。空気を読んで反応してしまうだけではなく、先々の展開までつい予想して、心配したり、気が重くなったりします。

本人としてはそれが悩みの種なのでしょうが、見方を変えれば、それは「察する能力」があるということです。他人の気持ちに敏感なのは、人間として素晴らしいことだし、上手に使いこなせば人生が豊かで面白くなります。

だから、社会的に成功している人のほとんどは、表面上はそう見えなくても、敏感すぎる部分を持っている人のはずです。

僕は、他人の感情の変化や、周囲の空気の状態にいち早く気づける人は、自分のことを**「気性予報士」**だと思えばいいと思うんです。お天気キャスターが、専門的な知識を使って天気を読むのと同じように、**あなたも、人間の感情を読んで、それを自分とみんなが幸せになることに役立てるのです。**

単なるダジャレと思われるかもしれませんが、自分を「気性予報士」と名付けただけでもポジティブになり、少しは楽になる気がしませんか？

天気は、快晴のときもあれば、にわか雨もあります。台風が来ることもあれば、雪が降ることもあります。気候もその地域によって違います。暑い地域、寒い地域、昼夜の気温の差が大きい地域、雨が多い地域、風が強い地域、天候が変わりやすい地域……。

人の感情やその場の空気も、同じです。常に変わるし、居場所によって特徴があります。「気性予報士」は、人間関係におけるそうした機微《きび》や快適に過ごせる場所が、他の人よりも早く、くわしくわかる人なのです。

それがわかっていれば、自分がいる環境でどう過ごすか、腹が決まります。

例えば、**今は梅雨《つゆ》の時期であるけれど（悲しい出来事があり涙に暮れている）、1カ月もすれば夏になる（時間が経てば立ち直る）と知っていたら気分は全然違います。落雷が多い地域（上司がキレやすい部署）だと知っていれば、身を低くして（目立たないようにして）被害を避ける工夫ができます。**

また、雲行きが怪しくなってきたら（身近な人間の感情が荒れ出したら）、「今回はそれほど大きな嵐ではなさそうだ。明日の午前中あたりには雨はやむだろう」みたいに考えればいいわけです。

こんなふうに予想したら自分が快適に暮らすだけではなく、いち早く知り得た「気性情報」を、上手く周りに伝えることもできますよね。たまには予報が外れることもあるでしょうが、そこはご愛嬌《あいきょう》です。

最初は冗談で思いついた「気性予報士」というネーミングですが、こうして考えているうちに、今ではとても理に適《かな》っていると感じています。人の心や場の空気に敏感なのだから、こういう人はコンサルタントや秘書としても成功しそうです。

特に、**これからの社会では、コンピュータが人間の仕事を奪っていきます。そのときには、人間の心の機微がよくわかる人、お客さんや同僚への心配りができる人がより求められるようになるでしょう。**

敏感な人は、もっと自信を持っていいのです。

空気を読んで「エアコン」になる

敏感な人は、空気を読むのが得意です。目の前の相手の気持ちはもちろん、その場にいる他の人たちの気持ちも常に忖度《そんたく》できます。

相手の立場に立つことは非常に大事ですが、そこに同調して振り回されてしまうと危険です。

こちらの機嫌が安定しているときに相手の気持ちを探るならまだいいのですが、なかなかそんな都合のいい場面ばかりではありません。敏感な人は、相手の放つ負の感情やエネルギーに当てられて疲れ切ってしまうことの方が多いでしょう。

そこで、**空気を読むことから一歩進んで、空気自体を変えていけるようになるといいですよね。**

僕は講演会など人前で話すときに、それを痛感しました。

司会者に紹介されて、「武田双雲です、どうも〜」と明るく出ていったら、笑顔と拍手はまばら。会場がシラ〜ッとした空気のときがあります。これは辛いです。

また、ウケを狙ってちょっと強めの冗談を言ったら、思い切り顔をしかめる人がいることもあります。たまに、講演中ほとんど寝ている人もいます。

そんなときには、なんとか会場の空気を変えていかなければいけません。

会場の空気が冷えていたときは、こちらもテンションを下げて、「あ、武田双雲です。今日はこれこれで○○県○○市にやってまいりまして……」などと、少し暗くスタートします。

そして、空気を探り探り話しながら、みなさんの食いつきがよかったネタや笑顔になった話題をヒントにしてお客さんとの波長を合わせていき、徐々に徐々に空気を暖めていくのです。

おしゃべりな僕でも最初は動揺することばかりでしたが、場数を踏むにつれ、ごく自然に空気を変えることができるようになりました。そのやり方は、プライベートの、人数が少ない集まりにおいても基本的に同じです。

空気を読める人のことを「エア・リーダー（読む）」というならば、その場に蔓延《まんえん》している負の空気を少しずつ換えていく「エア・クリーナー」とか、あるいは、その場の冷たい空気を暖めたり、熱くなった空気をクールダウンする「エア・コンディショナー」になることができれば理想的です。

ただし、これはかなり高度なスキルなので、正直言って、ちょっと弱気で、空気を読みすぎて、本音を言えずに悶々としている人たちには難しいかもしれません。

しかし、**一対一の会話や、ごく親しい人との歓談など、自分のできる範囲でそれにチャレンジしていくことは大事だと思います。**

あなたも、急がず、焦らず、競争しないで、少しずつ空気を変え（替え）られるようになったらいいですよね。

相手の話には、ただ好奇心を向けるだけでいい

「初対面の相手の目に自分はどう映っているんだろう？」
「できればいい印象を与えたい」
敏感なあなたは、こんな気持ち（不安と期待）を普通の人よりも強く持っていると思いますが、それは僕も同じです。

すでに書いたように、僕は、自分の言動によって相手を傷つけることを心配するタイプですから、自分の気持ちがどう伝わっているかはとても気になります。また、僕も人間ですから、相手にはできればいい印象を持ってもらいたいし、僕が相手を好意的に見ているのに嫌な印象を与えてしまっているとしたら、もったいないと思います。

ただし、そのために何か作戦を立てるとか、いい人を演じることはしません。

僕の場合はとてもシンプルで、**「相手のことは考えてもわからないから、ただ相手に好奇心を持つ」のが最大の作戦**かもしれません。

相手を好きになる。相手をリスペクトする。相手に好奇心を持つ——。それだけです。まっとうな好奇心を持たれて嫌な気持ちになる人はいませんから。

僕はこれまで120人以上の著名な方々と対談をさせていただいていますが、その場合でも同じです。準備は最小限に留めます。あまり情報を入れすぎると、こちらが濃い色めがねをかけることになってしまうからです。

おかげさまで、いろんなプロデューサーや編集者の人に、「話の引き出し方が上手い」とほめていただいてはいるのですが、その理由は、単純に僕の、相手への好奇心が本物だからだと思います。

実際、対談中は「どうやっていい話を引き出そうか？」なんて考える暇がないくらいに、「次はどんな言葉を発するんだろう？　どんな素敵な話があるんだろう？」とワクワクしながら話しています。そこにあるのは、好奇心だけです。

相手の気持ちは、考えてもわからないことがある。
だから好奇心だけ持って接するほうがいい。

あえて、工夫していることを挙げるとするなら、**相手が話してくださったことについて好奇心は向けるけれどジャッジ（良し悪しの評価）はしない**、ということです。だから、みなさんが安心して話してくださるのかもしれません。

会話をキャッチボールにたとえるならば、友だちと気持ちよくキャッチボールをしているときに、「フォームが悪い」とか「投げる場所が違う」とか「ボールがお辞儀している（伸びがない）」みたいなことを言われたら、気分が悪くなって、本音を話そうとは思いませんよね。

その意味で、僕が対談上手だなと思うのが、タモリさんです。

以前、「笑っていいとも!」(フジテレビ)のテレフォンショッキングというコーナーに出演したのですが、タモリさんは、ご自身がとてもリラックスしているし、こちらの話を面白がってくれて、やはりジャッジはしない。だからこちらもまったく緊張しないのです。会話の達人だし、天才ですね。

これは誰でもできる業《わざ》ではありませんが、相手に好奇心を向けることや、相手の話をジャッジしないということなら、少しずつ真似ができると思います。

友だちが少なくても幸せは感じられる

僕はパーティや飲み会にはあまり行かず、ふだんは書道教室兼自宅に籠《こも》ってのんびり過ごしています。

お酒を飲めないこともありますが、ライフスタイルの「断捨離《だんしゃり》」をしていることも大きな理由のひとつです。

つまり、**自分の人生にとって大事なことを優先して、余分なものを思い切って切り離しているのです。**

僕は、家族や1人で過ごす時間、仲のよい友だちと会う時間を大切にしています。知らない人が集まっているパーティや集まりに出かけるのもよいですが、企画やものづくりを一緒に進めている仕事仲間と話しているときは、もっと楽しいのです。

といっても、僕は、友だちの定義のしかたが一風変わっています。

僕にとっての友だちは、「その場を一緒に分かち合う存在」です。楽しく食事をして「これ美味しいですね」と共感し合っただけでも、僕の解釈では友だちです。会った回数は関係ありません。

また、本づくりや番組づくりのスタッフとは、普通の友だちと話すよりも深く真剣に交流することになりますから、僕にとっては彼らも大事な友だちなのです。

みなさんの中にも、「友だちが少ない」「友だちができない」と悩んでいる人もいると思いますが、僕のようにゆる〜く考えるのもひとつの方法ですよ。

知らない人が集まるパーティなどに、どうしても参加しなければならないとき、「うまく溶け込めるかな」「相手に合わせるのは疲れる」「このあとも関係が続くのは面倒」と思うと、それはそれで大変です。

だから、「その場を一緒に楽しめた人はみんな友だち」くらいの感覚でいいのではないでしょうか。

友だちは、
数が多いほど偉いとか、
会った回数で
決まるものではない。
共感し合ったり、
一緒に楽しめた人は
みんな友だち。

一般的な意味での「親しい友だち」の話に限定しても、友だちの数が多いほど偉いとか、幸せだというのも、単なる思い込みです。近しい友だちが100人いたとしても、全員ときちんと付き合うのは無理でしょう。

友だちが多いのは悪いことではありませんが、友だちは数を競ってつくるものではないし、本当に親しい友だちが1人でもいれば十分だと僕は思います。

〝ボール〟を投げることからすべては始まる

相手の気持ちを考えすぎて、自分から行動できなくなってしまうことってありますよね。

たぶん、その最たるものが、異性への告白だと思います。

気になっている相手がいるけれども嫌われるのが怖くて、あるいは、これまでの関係が壊れるのが嫌で自分からは言い出せない……。多かれ少なかれ誰もがそういう経験はあると思いますが、相手の反応に敏感すぎると、人生がちょっともったいない気がします。

何度も言いますが、**相手がどう思っているのかは、こちらがアクションを起こしてみないとわからない**のですから。

その意味では、時には勇気を持って「強引メガネ」をかけてみることも大事だと思います。

先日、テレビを見ていたら、明石家さんまさんをはじめとする人気タレントさんたちが、〝恋愛下手な東大生〟とトークをしていました。

その番組のなかで僕がとても共感したのは、好きな人に告白できずに悩んでいる男子学生に対して、タレントさんたちが「告白してみりゃええやん」「返事はNOかもしれないけれど、しつこくされなければ、実は告白された側も嫌な気持ちはしていないと思うよ」とアドバイスしていたことです。

たしかに、自分が告白される側になって考えてみると、その通りです。まじめな気持ちで「好きだ」と言われて困るとしたら、断った後にもしつこくされることだけです。

「NOって言われるまではあきめないで、1回告白しようよ」という流れが番組のなかであったときに、僕は、これって恋愛の話だけではなくて、すべての人間関係やビジネスの依頼などでも同じことだと思いました。

まだNOとは言われていないのに、それどころか、まだオファーもしていないのに、勝手にあきらめていることは日常の中でけっこうあります。

僕のオフィスでは、ありがたいことに毎日のようにさまざまな仕事のオファーをいただきます。なにぶん体はひとつしかありませんから、当然お断りをするケースも出てきます。物理的にスケジュールが空《あ》いていないケースもありますし、そのときに自分がワクワクできなくてお断りしたケースもあります。

しかし、そんなときでも、やっぱり誠意の感じられる依頼をいただいたことは嬉しいし、書面や電話の声から、誠意や好意が感じられるオファーは、NOとお返事したときでもまったく嫌ではありません。たまたまその時点でのご縁がなかっただけで、状況が変わればいつかお仕事でご一緒したいと思います。

だから、相手のNOに接したとき、全部が全部〝マイナスの気持ち〟〝後味の悪いNO〟と思わないことが大事です。

「NO」と言われるのは、
やっぱり不安。
でも、“恋ボール”や
“好奇心ボール”を投げてみると
意外と大丈夫かもしれない。

もう15年くらい前のことですが、あるとき街でエレベーターに乗ったら、一緒になった女性の持っていたバッグがとても素敵だったんです。それで思わず、「そのバッグ、可愛いですね」と話しかけたら、びっくりされてしまったけれど、その人は、「これ、自分でつくっているんです」と答えてくれました。

普通は、エレベーターの中で男女2人きりのときに声をかけたら嫌がりますよね。でも、僕は下心でナンパしたわけではなく（きれいな人でしたが）、純粋にバッグに興味があったから声をかけました。彼女も、その空気を感じ取ってくれたのでしょう。

不思議なご縁だと思うのは、そこで、「えっ⁉　ご自分でバッグをつくるんですか？」という話から、僕の財布をつくっていただく流れになって、それ以来、彼女の作品を愛用していることです。だから、僕としてはそのとき声をかけてよかったんです。

僕たちは相手に気持ちを伝える前から、「嫌がられないように……、嫌われないように……」と考えすぎるきらいがありますが、自分の気持ちを伝えなかったためにいいご縁を失う方がずっと残念なことだと思います。

〝恋ボール〟や〝好奇心ボール〟は、自分にまじめな気持ちがあれば、思い切って投げても意外と大丈夫。

それが、僕が経験から学んだことです。

笑顔でいると、いいアイデアが浮かびやすい

考えすぎてしまうのはよくありませんが、考えること自体は素晴らしいことです。ただし、そのときに大事なのは、「形」です。

真剣なことほど明るい表情で考えることが重要なのです。

ロダンの「考える人」もそうだし、昔の文豪の執筆風景とか、受験勉強の記憶が強いのでしょうが、考えるというと、深刻な顔で、うつむいて、じっとして、時に頭をかきむしって……みたいな絵面《えづら》を思い浮かべてしまいますよね。

僕は、それがダメだと思うのです。**人間の性質として、難しい顔をしていたら、明るく希望ある方向には考えられない。どうしたって難しい話になります。**

会社の会議や家庭での話し合いで、「この先どうなるんだろう?」と暗い表情に暗い

トーン、ため息をつきながら話したら、どうしたって、後ろ向きで暗い話になっていきます。マイナスの情報や言い訳、できない理由、グチ、不平不満などがテーブルの上にずらりと並ぶことになるでしょう。

暗い表情で考えるという行為は、言ってみれば、インターネットの検索ワードに【この先どうする？　暗い　不安】という言葉を打ち込んで情報を集めるようなものです。

検索ワードに「不安」という言葉を入れているために、結果としてヒットする情報は、ほとんどがネガティブなものになります。ポジティブな情報も同じくらいあるはずなのに、これでもかこれでもかとマイナス情報が表示されてしまいます。

僕たちの脳も検索エンジンと同じ仕組みでできていて、暗い表情（不安）で考えたら、出てくる発想も暗くなります。だから、会議を開くときも、出席者の表情が暗い時点でもうやめた方がいいのです。

これと反対に、**笑顔で明るい表情で話し合いをしたら、【この先どうする？　明るい　希望】で検索したような展開になります。**実体験から言いますが、これは相当に効き

真剣に考えるときほど、
暗い顔になりがち。
笑顔で考えれば、
自然といいアイデアが
浮かんでくる。

ます。新しいアイデアやいいニュースが入ってくるのです。

旅行に行く前には明るい表情で企画するでしょう？　**明るい表情に明るい材料が集まる。アイデア、情報、人、モノ、お金が集まってきます。**

明るい表情で暗いことは考えられません。「どうします？（笑）」と楽しそうに言ったら、もう楽しいことしか考えられないでしょう？

ただし、会議室で話し合ったら、全員が常に明るい笑顔でいるのは難しいものです。だから、僕の事務所では会議はしません。外でランチを食べながら、あるいは海に散歩へ行ったときに、

スタッフとアイデアで打ち合わせをしています。

その際には、僕がみんなを笑わせて、いい方向に持っていくように努めています。「パーティグッズの鼻メガネ」をかけて話しているような感じですよね。

常に明るく話すことがいいとは思いませんが、明るいか暗いかでいったら明るい方がいいと思いませんか？

僕はいつもこんなふうなので、「武田さんといると、ネガティブになれない」と周りの人たちが言います。「先生といると明るくなる」とか「悩めない」とか、「何に悩んでいましたっけ？」とか「悩んでいたのがアホらしくなった」とか……。

実際、僕の前でネガティブになるって難しいかもしれませんね。会話の中に明るいキーワードが必ず含まれていますから。

ただ、気にしすぎの自分としては、それが逆にポジティブの押し売りになってしまってはいないか？　と心配してしまうこともあるのですが……（笑）。

第6章
「悩ましいこと」の楽しみ方

悩む前に動いて、それから考える

僕が悩まないのは、悩む前にすぐに行動に移すからです。

幼い子どもが新幹線や飛行機の中でグズって泣いたら、「どうしようかな……」「なぜ泣くのかな？」などとずっと考え込んで悩んで、そのまま放っておくような親はあまりいないと思います。

手を替え品を替え、なんとか落ち着かせようとしますよね。とりあえず何かしてみて、ダメならまた別の手段を考えるはずです。

それと同じように、何か問題が起きて自分が悩みそうになったら、まず動くことです。頭で考えるのではなく、自分ができることから行動した方がいいと思います。

行動の内容は、何でもいいのです。相手もあることですから、**何が正解かは動いて**

みないとわかりません。

ウマが合わない相手とギクシャクしているのなら、感謝の言葉を伝えてみるとか、あえて一緒に食事に行くとか、逆に、しばらく連絡を断つ、でもいいと思います。とにかくあれこれやってみることが大事です。

それは、何かを身に付けるときも同じです。

書道でも「何から始めたらよいですか？」とよく聞かれるのですが、僕の答えはいつも同じです。

「なんでもいいから始めてみましょう」

入口なんて何でもいいと思うのです。万年筆から入ってもいいし、サインペンだっていいのです。逆に、形から入りたい人は、高級書道用品を揃えてモチベーションを高めてもいいと思いますし、もったいないから「100円ショップで買う」でもいい。

「どうやったら上手く書けますか？」という話も同じです。稽古《けいこ》をしていれば誰でも壁にぶち当たりますが、そのときにただ考えていても仕方がありません。

考えすぎてしまう人は、たいていずっと半紙の前に座って、「なぜ上手くいかないんだろう?」「才能がないのかな……」と悩んでいます。

そのうち、「実は私は昔から先生の評価が低かった」「運動神経が悪かった」「そういえば親も字が下手だ」とか、できない理由をどんどん集めてしまいます。

でも、**どんな人でも考えすぎたら絶対にポジティブになれないのです。**

上手くいかない理由を考えるより、書いた方が絶対に早いです。書いて上手くいかなかったら、筆を替えてみる、持ち方を変えてみる、先生に聞いてみる、先生に書いているところを見せてもらう——。壁を乗り越えるには無限の方法があります。

多くの人が考えすぎてしまうのは、暗記中心の内容を机に向かって勉強する、という学校教育の影響があると思っています。

机上《きじょう》の空論といいますが、人生で一番大事な十数年間のほとんどを机上がメインの勉強をするわけですから、その影響は大きいですよね。

クリエイティビティとは動きの中から出てくるものです。だから、身体運動やアウ

何が正解かは、
動いてみないと
わからない。
考えるのは、
それから。

トプット（実践）を伴わない思考は、なかなか辛いことになります。

僕は学生時代に情報科学を学んでいるのでその観点から説明すると、**現代人は、インプット（入力）ばかりなのです。情報を得たり、学ぶことは素晴らしいのに、アウトプット（出力）なきインプットが多いので、いつまでも同じ地点に立ち止まって悩んでいる人が多い。**

「インターネットで何かビジネスをしてみたい」という希望があったときに、スクールに通ってプログラミング言語とか、ホームページのつくり方などを学ぼうとする人がいます。勉強から入ろうとするのです。

僕などは、「すぐに始めてみればいいのに……」と思うんですよね。「まず家で今日できるサイトをつくってみようよ」「まず、ネット経由で何か1個、ものを売ってみよう」ということです。

その手段はメールでもいいし、メルマガでもいいのです。ホームページなんて本やネットを見ながら30分で無料でつくれる時代です。わからなければネットで検索するなり、誰か知り合いに聞けば教えてくれるでしょう。

実際に売買をしてみないと、商売なんて絶対にわからないですよ。MBA（経営学修士）を持っているだけよりも、駄菓子屋さんなど本当に小さな店を一度でも経営した方がためになると僕は思います。

だから、**まず行動してみて、それから考えましょう。そこでどうしようか具体的に考える（検討する）のは、悩んでいることとは違うのです。**

行動をためらうと、できない理由が浮かんでしまう

僕が勝手につくったのですが、「**バンジージャンプ理論**」という言葉があります。バンジージャンプでは、金具をつけてからジャンプするまでの制限時間が決まっています。だから「**やると決めたら覚悟を決めてやるしかない**」**という理屈**です。

高所恐怖症の僕は、チャレンジする人を尊敬しますが、経験者に話を聞いてみたところ、「あれは、飛ぶしかない」のだそうです。

しかし、直前で飛べない人もいます。その人たちは、飛べない理由をいろいろ考えてしまうのだそうです。「綱が老朽化している」とか、「ネジのゆるみがある」といった欠点がどんどん見えてくる。「ちょっとだけ待って」と言ってスマホで検索したかと思うと、「バンジージャンプ死亡率」というサイトが表示されていたりします(笑)。

109ページで書いた飛行機恐怖症の話と同じです。

「ちょっと待って」を繰り返しているうちに、わざわざ遠方からバンジーを飛びに来たのに、飛べない理由を必死に説明し始める。

これは少し面白おかしなたとえ話でしたが、実生活の場面でも、そういうことって多いのです。

つまり、**人間はいつまでもアウトプット（行動、実践）しないでいると、できない（やらない）理由を考え始めてしまうものなのです。**

バンジージャンプの台の上ではまったく恐怖心がなかったのに、飛ぶか飛ばないかを3日間考えさせたら、弱気になって、グチと言い訳がどんどん出てくるようになると思うのです。

だから、**何かをやりたいと思ったら、まず行動に移してみることです。**ケガのないよう安全性は確認しなければいけませんが、台の上に立ち止まってネット検索をしていても何も動き出さないのです。

「なぜ？」よりも「さてどうする？」と未来に目を向ける

第1章で書いたように、僕は2011年に胆石症で倒れました。治療を受けながら、ドクターに「なぜ胆石になったんですか？」と尋ねたところ、こう諭《さと》されたんです。

「その問いは意味がないのでやめてくださいね」

なぜなら、胆石症になる原因は無限にあって、子どもの頃からの食生活かもしれないし、遺伝かもしれないし、生活習慣かもしれないし、ストレスかもしれません。複合的で切り分けようがないので、胆石ができた理由は説明しようがないと言うのです。

僕は、このドクターの言葉をとても深く受け止めました。

というのも、病気になった当時、私の母が「私のせい？　ゴメンね」と悩んでいたのです。妻も「私の食事が原因かなあ」と考え込んでいました。

振り返ってみれば、若いときは脂っこい食事も多く、お菓子も大好きでした。仕事でストレスを感じたり、対人関係で悩んでいたかもしれません。自分はポジティブなつもりだけどネガティブだったのかな……などと考えていくと、もうキリがない。

相手の気持ちを探るのと同じで、病の原因を探り出すと樹海にはまるのです。

そのときに僕は、「なぜ胆石ができたのか？」という原因探しよりも、「さて、これからどうするか？」ということに着目した方がいいと気づきました。**永遠に答えが出ないことを考え、後悔し続けるよりも、これから胆石の原因をつくらない生活を考えていく方が意味があるし、幸せに近づきます。**

問題解決のいい方法として「問題を切り分ける」という考え方を、41ページで紹介しました。電話回線の修理などの、故障の原因を突き止めなければ始まらないケースはともかく、〝人ありき〟の問題のときには、「なぜそうなったのか？」という過去の原因と、「さて、どうする？　これから何ができるか？」という未来の行動を最初に切り分けて、後者に着目するのがよいのです。

「すべてを遊びに」が僕のテーマ

僕の書道教室には、「すべてを遊びに」という文字が飾ってあります。

これは、僕の生き方の大切なテーマです。世の中の常識から外れているかもしれませんが、僕は仕事で作品を書くのも、講演会で話すのも、テレビに出演するのも、テレビゲームをするのも、サーフィンをするのも、旅行に行くのも、家族と話すのもすべて同じテンションであり、感覚的には「遊び」なのです。

例えば、この本の打ち合わせを編集部の人たちとするのも、とても楽しい遊びです。お互いに分野も年齢も経験も趣味も違うプロ同士が、「いい本をつくる」というひとつの目的の下《もと》、率直に意見を交換し合う。そこで生まれる化学反応の面白さといったら、これほど楽しい遊びはありません。

オフのときは気分が上がり、
オンのときは気分が下がる生活は疲れるもの。
すべてを「遊び」にする感覚が大切。

もちろん、仕事とプライベートをきっちり分けるという考え方もあります。世間では、こちらの方が一般的で、僕のやり方が変わっているのかもしれません。

でも、**プライベートで上がったテンションが、仕事に向かうときには下がり、また休日になると上がって……というのでは、めんどうくさくありませんか。**

先日、東京ディズニーランドに行ったときのことです。僕はずっとカフェでお茶をしながら他のお客さんたちを観察していたのですが、園内ではとても楽しそうだった人たちが、ゲートを出た瞬間に表情が一斉に暗くなっていったのです。「あーあ、終わっちゃった……」というため息が聞こえるようでした。

これは極端な例でしょうが、多かれ少なかれ、多くの人が休日とその翌日には同じような心の動きを繰り返しているんだな、と思いました。

そのためのひとつの方法が、116ページに書いた「マインドセット」というわけです。

僕のように、すべてを遊びにするのは難しいと思いますが、もし、休日明けの通勤や通学も、ディズニーランドに向かうのと同じテンションでいられたら、毎日が楽しくなりますよね。

人生のテーマを漢字1文字で書いてみる

「シンプルに生きる」という考え方が流行っています。

シンプルには、「単純」「質素」「簡単」など、いろいろな定義があると思いますが、僕が実践しているシンプルライフは、人生のビジョンを絞ることです。

具体的には、サラリーマンを辞めたときに、**「楽」という漢字1文字を自分の人生の指針にしたのです。**

当時は暇を持て余していましたから、俗っぽい願望も含めて、これから自分がどういう人生を歩みたいかをいろいろと考えました。「世界中の人の名前を書で書いてみたい」とか、「お金に苦労しないようになりたい」とか、「書道教室の生徒さんが増えたらいいな」とか——。

いろいろ思い浮かんだ中で、「もし人生の指針を1個だけに絞るなら何にするか？」「そして、それを漢字1文字で表したら？」と考えてみたのです。

誠実の「誠」や「心」「強」など、いろいろ候補を考えてみましたが、結局、僕は、「楽」に決めました。

「楽」とは、リラックスとかエンジョイという意味です。

自分の指針を「楽」と決めてみてよかったのは、自分の行動をジャッジできる基準（ガイドライン）が明確になったことです。迷わなくなりました。

「楽」の原則は次の4つしかありません。

①自分が楽（リラックスできる状態）でいること
②自分が楽しむこと
③他の人を楽にしてあげること
④他の人を楽しませること

そのときどきで、「今の僕は楽じゃないな」と思ったらリラックスします。

「楽しくないな」と思ったら楽しくします。

他の人が辛そうだったら楽になるお手伝いをします。

他の人がつまらなそうにしていたら楽しませます。

僕が何かを判断するときに考えているのは、これだけです。

だから、自分が楽しくても相手がつまらなそうだったらやりません。自分が楽でみんなが苦しそうだったらやりません。とてもシンプルです。

マンガ「キン肉マン」の主人公の額《ひたい》の「肉」という文字のように、僕も自分の額に「楽」と書きたいくらいです（笑）。

僕は、「楽」の字を、自宅の玄関にも教室にも、あらゆるところに置いています。

「迷ったら苦しい道をいけ」みたいな名言は多いけれど、僕は絶対に苦しい道は選びません。楽しそうな道をいきます。楽をするために工夫をする。

おかげで、自分の個性もよりハッキリしてきたと思います。「辛さが見えない」とか「圧倒的な楽さが感じられる」とよく言っていただきます。マスコミの取材では、辛さ

人生のテーマを漢字１文字で表す。
それは、自分が迷ったときに
無事に帰ることのできる居場所となる。

が見えないからという理由で企画が成り立たなかったこともありました。

もちろん、僕は悲しみや苦しみを否定しているわけではありません。人間だからそういうこともあるでしょう。これはあくまで指針です。**自分が迷ったときに、帰ることのできる居場所、故郷みたいなものです。**

ちなみに、文字は、途中から変わってもいいのです。一度決めたものに縛られて苦しむのは「楽」ではありませんからね。結局、僕の場合は変わりませんでした。ここまで歩んでくる過程でも、いつもそこに立ち戻ってきました。

「あなたはどんな人ですか？」

誰かにこう聞かれたら、「僕は『楽』をする人です」と答えます。

他人からどう批判されても平気です。僕が自分で決めたことですから、「間違いだ」とか「楽してちゃダメだ。もっと苦労しなくてはダメだよ」と言われても、「これだけは絶対変えません」と言います。「書道はそんな楽なもんじゃない」とも言われましたが、「楽」だけは譲れません。

もちろん、そうは言っても、僕が悪ければすぐに謝りますし、直します。僕は、「楽」の他にプライドはないのです。

あなたも、ぜひ漢字1文字の行動指針みたいなものをつくってみてください。1文字が難しければ、もちろん2文字でもかまいません。漢字は途中で変えてもいいので、楽な気持ちで今すぐ書いてみましょう。

人生が変わるかもしれませんよ。

「コンビニに行く」くらいの気軽さでも夢は叶う

いろいろな場所でお話ししたあとには、「武田さんが『やり方なんてなんでもいいんですよ』と言ってくれて、気持ちが楽になりました」という感想をよくいただきます。

たしかに、そんなことを公言している「先生」は少ないかもしれませんね。

先ほどの「楽」と一緒に説明しますと、**僕は、「三方よし」の中で、楽と自由を選んで生きています。**

日本語で「選択」というとちょっと響きが重いので、もっとポップに英語の「チョイス（choice）」に近い感じでしょうか。

チーズケーキとショートケーキが目の前にあったとして、「どちらを食べます？」と聞かれて、「まあ、何でもいいけど、じゃあショートケーキで……」ぐらいの感覚なのです。

つまり、**物事に執着しない。**「楽」というのはそういうことですから。

僕は、それを**「コンビニに行く感覚」と定義づけています。**

みんなまじめだから、何か考えていると重く真剣になりすぎてしまう。例えば、「ポジティブじゃなきゃいけない」と自分たちを責め始めます。

僕は、そういうときには、「コンビニだよ。コンビニ」と言います。

というのは、コンビニにちょっと寄ろうというときに、「コンビニに行けなかったらどうしよう?」とか、「あの店舗じゃなきゃいけない」とか、そこまで真剣には考えませんよね? お腹が減ったらから肉まんを買っていこうとか、おにぎりを食べようとか、公共料金をついでに払っておこう、といったところでしょう。

僕が言いたいのは、そのぐらいの気軽さで行動することでも、「夢」は叶《かな》うんだよ――ということです。あっさりしたものなのです。ただし、「行動すれば」の話です。

僕が、イライラしないとか、ハッピーのイメージがあるのは、根底にその考え方があるからでしょう。

ついでにコンビニの話をすると、もし店のスタッフの接客がひどく悪かったとしても、僕は別にイライラしません。

「こういう人もいるんだな」「変わってますね。人生、大変でしょうに……」と思うくらいで、「そういう人がいても、いいのかもしれないな」と済ませます。

もっといえば、「人には優しくするべきだ」とか「社会に貢献しなければならない」といった善意も、そんなに固く構えなくてもいいと思います。

人にものを差し入れするときに、親切で優しい言葉をかけることも大事ですし、逆に、ぶっきらぼうに「はいよっ」と飲み物を手渡したり、「好きなものがあったら持っていって」と言った方が、相手が気楽に受け取れるかもしれません。

それは実際にその場面になってみないとわからないのだから、**要は、どんなやり方がいいかと考えるよりも、コンビニにおにぎりを買いに行くぐらいの感覚で、まず行動してみましょうということです。**

あとがき

ちょうどこの本をつくっている頃、もしかしたらこれも「三方よし」なのかなと思えた出来事がありました。

ある企業の50周年記念の書籍のロゴを書かせていただいたんです。

ところが、完成したものを教室で乾かしていたら、生徒さんの1人がそこに墨を1滴落としてしまったのです。その生徒さんは真《ま》っ青《さお》です。「すみません！　ああ、どうしましょう……」と平謝りです。

しかし、墨をこぼしてしまうような場所に置いていたのは僕です。

そこで僕は、「この状況だからできることはないだろうか？」といつものようにポジティブに考えることにして、そのこぼれた一滴を活かす形で絵を描き足しました。そうしたら、元の状態よりも格好よくなったのです。

お通夜《つや》のようだった教室の空気が一変して、「すごーい」「絶対に後から書き足したようには見えない」となって、その生徒さんもホッとしたような顔をしていました。

焼き物の世界でも、割れたり、ヒビが入った器《うつわ》を金継《きんつ》ぎなどで修復した方が、味わいと逸話《いつわ》が加わって、むしろ価値が高くなることもあるそうですが、今回の一件は、それに近いことができたのではないか、と文字通り「自画自賛」しているのです（笑）。

それにしても「敏感」というテーマは、本当に奥深いと思います。

敏感なこと、空気を読めることとは、実は素晴らしいのです。敏感な人はネガティブなことに敏感ですが、対象を変えればポジティブなことにも敏感なはずです。

他人や自分を責めるとか怒るといったことをやめ、敏感さをちょっとずつでも幸せに結びつけていきましょう。

焦らず、急がず、競わず――。別にできなくたっていいや、と思って楽な気持ちでやっていけばいい。実は、敏感な人ほど幸福度の上がり方は早いのです。

僕は、自分がそうだったから断言できます。

敏感なあなたは、とても幸せになる体質なのです。

最後に、一言。
いや、二言の筆文字
にてみなさん
へのメッセージでしめようと
思います。

自分を責めないで。

そして

誰が何と言おうと

自分を愛して。

双雲

〈著者略歴〉
武田双雲（たけだ　そううん）
1975年熊本県生まれ。東京理科大学卒業後、NTTに就職。約3年後に書道家として独立。NHK大河ドラマ「天地人」や世界遺産「平泉」、世界一のスーパーコンピュータ「京」など数々の題字を手掛ける。独自の世界観で、全国で個展や講演活動を行っている。メディア出演も多数。文化庁から2013年度文化交流使に任命され、ベトナム～インドネシアにて活動、2015年にはカリフォルニア州オーハイにて個展を開催。
著書に、『「書」を書く愉しみ』（光文社新書）、『ポジティブの教科書』30万部突破（主婦の友社）、『水で書けるはじめてのお習字』シリーズ累計20万部突破（幻冬舎）など多数。

公式ブログ【書の力】：http://ameblo.jp/souun/
公式サイト：http://www.souun.net/
感謝69：http://kansha69.com/

敏感すぎて傷つきやすいあなたへ
2016年11月9日　第1版第1刷発行

著　者	武　田　双　雲	
発行者	岡　　修　　平	
発行所	株式会社PHP研究所	

東京本部　〒135-8137　江東区豊洲5-6-52
　　　　　　　　　ビジネス出版部　☎03-3520-9619（編集）
　　　　　　　　　普及一部　☎03-3520-9630（販売）
京都本部　〒601-8411　京都市南区西九条北ノ内町11
PHP INTERFACE　http://www.php.co.jp/

制作協力・組版　株式会社PHPエディターズ・グループ
印刷所　図書印刷株式会社
製本所　東京美術紙工協業組合

© Souun Takeda 2016 Printed in Japan　　ISBN978-4-569-83208-1
※本書の無断複製（コピー・スキャン・デジタル化等）は著作権法で認められた場合を除き、禁じられています。また、本書を代行業者等に依頼してスキャンやデジタル化することは、いかなる場合でも認められておりません。
※落丁・乱丁本の場合は弊社制作管理部（☎03-3520-9626）へご連絡下さい。送料弊社負担にてお取り替えいたします。